Min Far Vil Gi Deg Alt i Mitt Navn

Dr. Jaerock Lee

"Sannelig, sannelig, jeg sier dere:
Hvis dere ber Far om noe, skal Han gi dere det i mitt navn.
Hittil har dere ikke bedt om noe i Mitt navn.
Be, og dere skal få, så gleden deres skal være fullkommen."
(Johannes 16:23-24)

Min Far Vil Gi Deg Alt i Mitt Navn av Dr. Jaerock Lee
Utgitt av Urim Bøkene (Representant: Seongnam Vin)
73, Yeouidaebang-ro 22-gil, Dongjak-gu, Seoul, Korea
www.urimbooks.com

Alle rettigheter forbeholdt. Denne boken og deler av den kan ikke bli kopiert i noen som helst form, oppbevart i et oppbevaringssystem, eller overført i noen som helst form eller på noen som helst måte, elektronisk, mekanisk, fotokopi, innspilt eller på noen annen måte uten skriftlig tillatelse fra forlaget.

Copyright © 2018 av Dr. Jaerock Lee
ISBN: 979-11-263-0444-8   03230
Oversettelses Copyright © 2010 av Dr. Esther K. Chung. Brukt ved tillatelse.

Tidligere utgitt i Korea i 1990 av Urim Bøkene i Seoul, Korea.

Først Utgitt i september 2018

Redigert av Dr. Geumsun Vin
Planlagt av Urim Bøkenes Redigerings Byrå
Utskrevet av Prione Trykkeri
For mer informasjon, henvend deg til: urimbook@hotmail.com

En Forkynnelse angående Publikasjonen

"Sannelig, sannelig, jeg sier dere: Hvis dere ber Far om noe, skal Han gi dere det i mitt navn."
(Johannes 16:23)

Kristendommen er en tro hvor mennesker møter den levende Gud og erfarer Hans arbeide gjennom Jesus Kristus.

For Gud er en allmektig Gud som skapte himmelene og jorden og styrer universets historie så vel som livet, døden, forbannelsen, og menneskenes velsignelse. Han svarer på Hans barns bønner og anmoder dem om å lede velsignede liv som er passende for Guds barn.

Alle som er Guds sanne barn holder på myndigheten som han er berettiget til som Guds barn. Ved denne myndigheten burde han leve et liv hvor alle ting er mulig, finne ut av at han ikke mangler noe, og nyte velsignelser uten noe som helst forbehold om å skjule misunnelse og sjalusi imot andre. Ved å lede et liv med overflytende rikdom, styrke, og sukksess, må han lovprise Gud gjennom hele hans liv.

For å kunne nyte et slikt velsignelset liv, må vi fullstendig forstå loven til det åndelige rike angående Guds svar, og motta alt som han spør Gud om i Jesus Kristus navn.

Denne boken er en kompilering av budskaper som tidligere har blitt forkynnet om overfor alle de troende, spesielt de som uten noen som helst tvil tror på den allmektige Gud og som ønsker å leve et liv fult av Guds svar.

Jeg håper at dette arbeidet *Min Far Vil Gi Deg Alt i Mitt Navn* vil tjene som en veiledningsbok som vil få alle leserne til å bli klar over loven til det åndelige riket etter Guds svar og som gjør det mulig for dem å motta alt det de har spurt etter i bønnene, i Jesus Kristus navn jeg ber!

Jeg gir all takk og ære til Gud for at Han tillot at denne boken som inneholder Hans dyrebare ord til å bli utgitt og gir min seriøse takknemlighet til alle de som har arbeidet iherdig for dette.

Jaerock Lee

Innehold

Min Far Vil Gi Deg Alt i Mitt Navn

En Forkynnelse angående Publikasjonen

1. Kapittel
Måter å Motta Guds Svar På 1

2. Kapittel
Vi Må Fremdeles Spørre Ham 13

3. Kapittel
Den Åndelige Loven Angående Guds Svar 23

4. Kapittel
Ødelegg den Syndige Veggen   35

5. Kapittel
Du Høster Det Du Har Sådd   47

6. Kapittel
Elias Mottar Guds Svar Med Ilden   61

7. Kapittel
Hvordan en Kan Fullføre Ens Hjertes Begjær   71

1. Kapittel

Måter å Motta Guds Svar På

Mine kjære, la oss elske,
ikke med tomme ord, men i gjerning og sannhet.
Slik skal vi vite at vi er av sannheten,
og vi skal la vårt hjerte falle til ro for Hans ansikt.
For selv om hjertet fordømmer oss,
er Gud større enn vårt hjerte og vet alt.
Mine kjære, dersom vårt hjerte ikke fordømmer oss,
kan vi være frimodige overfor Gud.
Og det vi ber om, får vi av Ham.
For vi holder Hans bud og gjør det som er godt i Hans øyne.

1. Johannes 3:18-22

En av opprinnelsene av Guds barns store lykke er det faktum at den allmektige Gud lever, svarer på deres bønner, og arbeider for det gode i alle ting. Mennesker som tror på dette faktum ber med brennende iver slik at de kan motta alt det de spør Gud om og gir Ham all den ære hjertene deres vil bli tilfredstilt med.
1. Johannes 5:14 forteller oss, *"Og dette er vår frimodige tillit til Ham: at Han hører oss når vi ber om noe som er etter Hans vilje."* Verset minner oss om at når vi spør om ting ifølge Guds vilje, har vi rett til å motta alt ifra Ham samme hvor ond en av foreldrene måtte være, når hennes sønn spør etter brød, vil hun ikke gi ham en stein, og når han spør etter fisk, vil ikke hans mor gi ham en slange. Hva kunne så forhindre Gud med å gi Hans barn gode gaver når de spør Ham om dem?

Når Kana'anite kvinnen i Matteus 15:21-28 kom til Jesus, mottok hun ikke bare svar på hennes bønner, men hun fikk også tilfredstilt sitt hjerte. Selv om hennes datter led av en forferdelig demon besettelse, spurte kvinnen om Jesus kunne helbrede hennes datter fordi hun trodde at alt var mulig for de som hadde troen. Hva tror du Jesus gjorde med denne hedniske kvinnen som spurte Ham om hennes datters helbredelse uten å gi opp? Akkurat som vi finner i Johannes 16:23, *"Den dagen vil du ikke tvile på Meg i det hele tatt. Sannelig, sannelig, jeg sier dere: Hvis dere ber Far om noe, skal Han gi dere det i mitt navn,"* og når Jesus så kvinnens tro ga Han henne det hun spurte om med det samme. *"Kjære kvinne, din tro er stor; du skal få det du spør om"* (Matteus 15:28).

Hvor godt og søtt er ikke Guds svar!

Hvis vi tror på den levende Gud, må vi lovprise Ham ved å motta alt det vi spør Ham om når vi er Guds barn. Med sitatet som dette kapittelet er basert på, la oss nå undersøke de forskjellige måtene vi kan motta Guds svar på.

1. Vi må Tro På den Gud Som Lover å Svare Oss

Gjennom Bibelen lover Gud oss at Han sikkert vil svare på våre bønner og appeleringer. Det er derfor bare når vi ikke tviler på dette løftet at vi kan ivrig spørre og motta alt det vi spør Gud om.

4. Mosebok 23:19 sier, *"Gud er ikke et menneske som lyver, eller en menneskesønn som trenger å angre; Det Han har sagt vil Han ikke også gjøre det? Eller vil Han ikke gjøre alle ting Han sier, gode?"* I Matteus 7:7-8 lover Gud oss, *"Spør, og det vil bli gitt til deg; let, og du vil finne; bank på, og det vil åpne seg for deg. For alle de som spør vil motta, og han som leter vil finne, og til ham som banker på, vil det bli åpnet."*

Igjennom hele Bibelen er det mange ting som refererer til Guds løfte, at Han vil svare oss hvis vi spør ifølge Hans vilje. Følgende er et par eksempler:

> *"Derfor sier jeg til deg, alle ting som du ber og spør om, som du tror på at du har mottatt, de vil du få"* (Markus 11:24).

"Hvis du holder deg ved Meg, og Mine ord holder seg i deg, spør om alt det du vil, og det vil bli gjort for deg" (Johannes 15:7).

"Alt det du spør etter i Mitt navn, det vil Jeg gjøre for deg, slik at Faderen vil bli lovpriset i Sønnen" (Johannes 14:13).

"Da vil du rope på Meg og komme og be til Meg, og Jeg vil høre på deg. Du vil lete etter Meg og finne Meg når du leter etter Meg med hele ditt hjerte" (Jeremias 29:12-13).

"Rop på Meg når du får problemer; Jeg skal redde deg, og du vil ære Meg" (Salmenes bok 50:15).

Slike løfter ifra Gud kan bli funnet om og om igjen i både det Gamle og det Nye Testamentet. Selv om det bare hadde vært et eneste bibelsk vers angående dette løfte, burde vi holde fast ved dette verset og be om å motta Hans svar. Men siden dette løfte kan bli funnet mange ganger gjennom hele Bibelen, må vi tro at Gud helt sikkert lever og at Han arbeider på samme måte i går, i dag og for alltid (Hebreerne 13:8).

Bibelen forteller oss også om mange velsignede menn og kvinner som trodde på Guds ord, som spurte, og som mottok Hans svar. Vi burde ligne troen og hjertet til disse menneskene og føre våre egne liv på en måte hvor vi alltid kan motta Hans svar.

Når Jesus sa til en som var lammet i Markus 2:1-12, *"Dine synder er tilgitt. Stå opp og plukk opp din båre og dra hjem"* (v. 2), den lammede stod opp, tok hans båre og spaserte like foran dem, og alle vitnene var helt forundret og kunne ikke gjøre annet enn å lovprise Gud.

En centurion i Matteus 8:5-13 kom til Jesus på vegne av hans tjener som lå paralysert hjemme, med fryktelig torment og fortalte Ham, *"Bare si ordet, og min tjener vil bli helbredet"* (v. 8). Vi vet at når Jesus sa til centurion, *"Gå! Det skal bli gjort for deg akkurat som du har trodd"* (v. 13), og centurions tjener ble helbredet med det samme.

En spedalsk i Markus 1:40-42 kom til Jesus og tigget Ham mens han lå på knærne, *"Hvis du er villig, kan Du rense meg"* (v. 40). Idet Han ble fylt med medlidenhet for den spedalske, rakte Jesus ut Hans hånd og rørte ved mannen, *"Jeg er villig; bli renset!"* (v. 41) Vi finner så ut at mannens spedalskhet forlot ham og han ble helbredet.

Gud tillater alle mennesker å motta alt det de spør Ham om i Jesus Kristus navn. Gud vil også helst at alle mennesker skal tro på Ham som har lovet dem å svare på alle deres bønner med et uforandrende hjerte uten å gi opp, og at de skal bli Hans velsignede barn.

2. Type Bønner som Gud Ikke Svarer På

Når mennesker tror på og ber ifølge Guds vilje, lever ifølge Hans ord, og dør akkurat som et hvetekorn dør, da vil Gud se godt på deres hjerte og hengivenhet og svare på bønnene deres. Men hvis det er barn som ikke kan motta Guds svar uansett deres bønner, hva er så grunnen? Det var mange mennesker i Bibelen som mislykkes i å motta Hans svar selv om de ba. Ved å undersøke grunnene til at mennesker ikke mottar Guds svar, må vi først lære hvordan vi kan motta svar ifra Ham.

Hvis vi først holder på synden i vårt hjerte og ber, da forteller Gud oss at Han ikke vil svare på våre bønner. Salmenes bok 66:18 forteller oss, *"Hvis jeg betrakter ondskapen i mitt hjerte, da vil Herren ikke høre på oss,"* og Esaias 59:1-2 minner oss på, *"Se, Herrens hånd er ikke så kort at den ikke kan redde; eller Hans øre så døvt at Han ikke kan høre. Men dere syndige har laget en separasjon mellom dere og Gud, og syndene deres har gjemt Hans ansikt fra deg slik at Han ikke kan høre."* For fiende djevelen vil hindre vår bønn på grunn av vår synd, den vil bare slå luften og vil ikke nå Guds trone.

Og for det andre, hvis vi ber midt i stridigheten med våre brødre, da vil Gud ikke svare oss. For vår himmelske Fader vil ikke tilgi oss med mindre vi tilgir våre brødre fra vårt hjerte (Matteus 18:35), og våre bønner kan verken bli gitt til Gud eller bli besvart.

Det tredje, hvis vi ber for å tilfredstille våre begjær, da vil ikke Gud svare på vår bønn. Hvis vi ser bort fra Hans ære, og istedenfor ber ifølge ønskene til den syndige naturen og vi gir det vi mottar ifra Ham for vår egen tilfredstillelse, da vil ikke Gud gi oss svar (Jakob 4:2-3). En far vil for eksempel gi en lydig og flittig datter lommepenger når enn hun spør om det. Men for den ulydige datteren som ikke liker å studere, vil faren ikke være villig til å gi henne lommepenger og også veldig urolig for at hun skal bruke lommepengene på gale ting. Det er på samme måte når vi spør etter ting med de gale motivene og for å tilfredstille begjærene av vår syndige natur, at Gud ikke vil svare siden vi kanskje vil gå veien som leder til ødeleggelse.

Fjerde, vi burde verken be eller rope ut etter idoltilbedere (Jeremias 11:10-11). For Gud hater idoler over alt annet, vi trenger bare å be om frelse av deres sjeler. Alle andre bønner eller tilspørseler som de lager på deres egen vegne vil gå ubesvart.

Femte, Gud svarer ikke på bønner som er fyllt med tvil, fordi vi kan bare motta svar ifra Herren når vi tror og ikke tviler (Jakob 1:6-7). Jeg er sikker på at mange av dere har vært vitne til helbredelse av uhelbredelige sykdommer og besluttsomheten med tilsynelatende umulige problemer når mennesker spør Gud om å gripe inn. Dette er på grunn av at Gud fortalte oss at *"Sannelig sier Jeg dere, samme hvem som sier til dette fjellet, 'Riv deg opp og kast deg inn i havet,' og ikke har noen som helst tvil i hans hjerte, men tror på at det som skal skje, det vil han få"* (Markus 11:23). Du burde vite at bønner som er fyllt med tvil ikke kan bli besvart og at bare bønner ifølge Guds vilje vil gi deg en unektelig sikkerhet.

Sjette, hvis vi ikke adlyder Guds befaling, da vil våre bønner ikke bli svart. Når vi adlyder Guds befalinger og gjør det som tilfredstiller Ham, da forteller Bibelen oss at vi kan være fortrolige når vi møter Gud og mottar alt det vi har spurt Ham om (1. Johannes 3:21-22). For Salomos ordspråk 8:17 forteller oss, *"Jeg elsker de som elsker Meg; og de som iherdig leter etter Meg, vil finne Me."* Menneskers bønner som adlyder Guds befalinger på grunn av deres kjærlighet for Ham (1. Johannes 5:3) vil helt sikkert bli besvart.

Den sjuende, vi kan ikke motta Guds svar uten at vi sår. For Galaterne 6:7 sier, *"La dere ikke føre vill! Gud lar seg ikke spotte. Det et menneske sår, skal det også høste,"* og 2. Korinterne 9:6 forteller oss, *"Men det sier jeg: Den som sår sparsomt, skal høste sparsomt, og den som sår med velsignelse, skal høste med velsignelse,"* en kan ikke høste uten at en sår. Hvis en sår bønner, vil hans sjel komme godt overens; hvis han sår offringer, vil han motta økonomiske velsignelser; og hvis han sår med hans gjerninger, vil han motta velsignelser med god helse. Sammenlagt må du så alt det du ønsker å høste og så deretter for å motta Guds svar.

I tillegg til tilfellene ovenfor, hvis mennesker mislykkes med å be i Jesus Kristus navn eller mislykkes med å be ifra deres hjerte, eller fortsetter med å bable, vil de ikke få svar på bønnene. En uenighet mellom en mann og en kone, (1. Peter 3:7) eller ulydighet gir dem ikke Guds svar.

Vi må alltid huske på at slike tilfeller ovenfor skaper en vegg mellom Gud og oss; Han vil snu seg vekk ifra oss og vil ikke svare på våre bønner. Vi må derfor først lete etter Guds kongerike og rettferdigheten, rope ut til Ham i bønner for å oppnå våre hjertes ønsker, og alltid motta Hans svar ved å faste helt til sist, med en sterk tro.

3. Hemmeligheten på Hvordan en kan Motta Svar på Våre Bønner

På begynnelses stadiet av ens liv i Kristus, kan han åndelig bli sammenlignet med et spedbarn, og Gud vil svare på hans svar med det samme. For personen kjenner ikke ennå hele sannheten, han vil lære litt hvis han begynner å handle ifølge Guds ord, og Gud vil svare ham som om han var et spedbarn som gråt etter melk, og føre ham til Gud. Idet han fortsetter med å høre og forstå sannheten, og like mye som han setter sannheten inn i bevegelse, vil han vokse ut av "spedbarns" stadiet, og Gud vil svare ham. Hvis et individ har vokst ut av et "barne" stadiet åndelig, men fortsetter med å synde og mislykkes i å leve ifølge ordet, kan han ikke motta svar ifra Gud; fra dette tidspunktet av, vil han se Guds svar like mye som han fullfører frelse.

Så for at mennesker som ikke har mottat svar skal kunne motta Hans svar, må de først angre, omvende seg, og begynne å leve lydige liv hvor de lever ifølge Guds ord. Når de oppholder seg i sannheten etter at de har angret ved å gi sitt hjerte, da vil Gud gi dem utrolige velsignelser. For Job hadde bare en tro som ble oppbevart som kunnskap, fordi han først hadde klaget til Gud når han fikk prøvelser og lidelser. Etter at Job møtte Gud og angret ved å gi ham hans hjerte, tilga han vennene hans og levde etter Guds ord. Så Gud velsignet på sin side Job dobbelt så mye som han hadde gjort før (Job 42:5-10).

Jonas fant seg selv oppslukt i en stor fisk på grunn av hans ulydighet til Guds ord. Men når han ba, angret, og takket dem i hans bønner etter troen, da befalte Gud fisken om å spytte ut Jonas på den tørre bakken (Jonas 2:1-10).

Når vi omvender oss fra våre veier, angrer, lever etter Faderens vilje, tror, og roper på Ham, da vil fiende djevelen komme mot deg fra en side, men rømme fra deg i sju. Naturligvis vil sykdommer, problemer med barna våres, og problemer med økonomien bli løst. En dømmende mann vil bli en god og varm mann og en fredfylt familie som utstråler Kristus aroma vil gi stor ære til Gud.

Hvis vi har snudd oss vekk ifra våre veier, angret, og mottat Hans svar på våre bønner, da må vi gi Gud ære ved å være vitne til vår glede. Når vi tilfredstiller og gir Ham ære gjennom vår uttalelse, da vil ikke Gud bare motta æren og tilfredstillelsen med oss, men Han vil også bli ivrig etter å spørre oss, "Hva burde Jeg gi deg?"

Inbill deg at en av foreldrene ga hennes sønn en gave og at sønnen ikke var takknemlig eller viste sin takknemlighet på noen som helst måte. Moren vil kanskje ikke gi han noe annet. Men hvis sønnen ble veldig takknemlig med gaven og tilfredstilte hans mor, ville hun bare bli mere lykkelig og vil gjerne gi hennes sønn bare flere gaver og gjør ting ferdig deretter. På samme måte, vil vi motta bare mer ifra Gud når vi lovpriser Ham ved å huske på at vår Gud Fader er veldig lykkelig når Hans barn får svar på bønnene deres og bare gir flere gode gaver til de som er vitne til Hans svar.

La oss alle spørre Gud ifølge Hans vilje, vise Ham vår tro og hengivenhet, og motta alt det vi spør Ham om. Å vise Gud vår tro og hengivenhet vil kanskje virke som en vanskelig ting fra et menneskes synspunkt. Men bare etter en slik prosess hvor vi kaster vekk tunge synder som står opp imot sannheten, retter våre øyne mot den evige himmelen, mottar svar på våre bønner, og bygger våre belønninger i det himmelske kongerike, vil livene våres bli fyllt med takknemlighet og glede og være helt givende. Livene våres vil også bli fullstendig velsignet fordi prøvelsene og lidelsene vil bli drevet vekk og en kan føle en sann trøst i Guds ledelse og beskyttelse.

Må dere alle spørre om alt det dere ønsker i troen, be iherdig, slåss imot synden og adlyde Hans befalinger for at du kan motta alt det vi spør etter, tilfredstille Ham på alle måter, og gi stor ære til Gud, i Jesus Kristus navn jeg ber!

2. Kapittel

Vi Må Fremdeles Spørre Ham

Da skal dere tenke på deres onde ferd, på alt dere gjorde som ikke var godt. Dere skal kjenne avsky for dere selv, fordi dere syndet og gjorde så mye stygt. "Det er ikke for deres skyld jeg griper inn; det skal dere vite, sier Herren Gud. Dere må kjenne skam og vanære, isralitter, for det livet dere har ført!" Så sier HERREN Gud: "Den dagen jeg renser dere for alle syndene deres, lar jeg dere bo i byene, og det som ligger i ruiner, skal bygges opp igjen. Jord som har ligget brakk, skal dyrkes og ikke se ut som en øde ørken for alle som drar forbi. Da skal de si: 'Den jorden der som lå øde, er blitt som Edens have. Og byene som var herjet, ødelagt og revet ned, ligger der nå som faste borger.' De folkene som ennå er igjen omkring dere, skal sanne at jeg, HERREN, har bygd opp igjen det som var revet ned, og plantet der jorden lå brakk. Jeg HERREN har talt og vil gjøre det." Så sier HERREN Gud: "Enda en bønn vil jeg høre og oppfylle for Israels ætt: Jeg gjør folket tallrik som en saueflokk."

Esekiel 36:31-37

Gjennom de seksti seks bøkene i Bibelen, vitner Gud som var den samme igår, i dag, og for alltid (Hebreerne 13:8) til det faktum at Han lever og at Han arbeider. Til alle de som har trodd på Hans ord og adlydd det i det Gamle Testamentets tider, i det Nye Testamentets tider, og i dag, har Gud trofast vist dem bevis på Hans arbeide.

Gud, Skaperen av alt i universet og Lederen av livet, døden, forbannelsen, og velsignelsen av mennesker har lovet å "velsigne" oss (Femte Mosebok 28:5-6) så lenge vi tror på og adlyder alle Hans ord som ble funnet i Bibelen. Hvis vi nå virkelig trodde på hans utrolige og vidunderlige fakta, hva ville vi mangle og hva kunne vi ikke motta? Vi finner i 4. Mosebok 23:19, *"Gud er ikke et menneske som lyver, et menneske som skifter Hans sinn. Gjør Han ikke det Han sier, holder Han ikke det Han har lovt?"* Snakker Gud bare og ikke handler? Lover Han, men ikke fullfører det? Og videre, siden Jesus lovte oss i Johannes 16:23, *"Sannelig, sannelig, sier jeg dere, hvis dere spør Faderen om noe i Mitt navn, da vil Han gi det til deg,"* Guds barn er virkelig velsignet.

Det er derfor bare naturlig for Guds barn å leve liv hvor de mottar alt det de spør om og lovpriser deres himmelske Fader. Hvor mislykkes så de fleste kristne i å lede slike liv? Med sitatet som dette kapittelet er basert på, la oss undersøke hvordan vi alltid kan motta Guds svar.

1. Gud Har Pratet og Han Vil Gjøre Det, Men Vi må Fremdeles Spørre Ham

Som Guds valgte, har isralittene mottat massevis av velsignelser. De ble lovet at hvis de fullstendig adlød og fulgte Guds ord, da ville Han sette dem høyt over alle nasjonene her på jorden, la fiendene som reiser seg opp imot dem bli ødelagte, og velsigne alt det de legger deres hender på (Femte Mosebok 28:1, 7, 8). Slike velsignelser kom til isralittene når de adlød Guds ord, men når de gjorde noe galt, ikke adlød Loven, og tilba idoler, ble de tatt til fange på grunn av Guds sinne og landet deres ble ruinert.

På den tiden fortalte Gud isralittene at hvis de angret og omvendte seg ifra deres ondskap, ville Han tillate det forlatte landet å bli kultivert og at ruinerte steder skulle bli oppbygget igjen. Dessuten sa Gud *"Jeg HERREN har talt og vil gjøre det. Enda en bønn vil jeg høre og oppfylle for Israels ætt"* (Esekiel 36:36-37).

Hvorfor hadde Gud lovet isralittene at Han ville gjøre ting, men også si at de fremdeles måtte "spørre" Ham?

Selv om Gud vet hva vi trenger før vi engang spør Ham (Matteus 6:8), har Han også fortalt oss, *"Spør og du skal få det... For alle de som spør vil motta... hvor mye mere vil Faderen i himmelen gi av det som er godt til de som spør Ham"* (Matteus 7:7-11)!

I tillegg, akkurat som Gud har fortalt oss gjennom Bibelen,

trenger vi å spørre og rope ut til Ham for å kunne motta Hans svar (Jeremias 33:3; Johannes 14:14), Guds barn som virkelig tror på Hans ord må fremdeles spørre Gud selv om Han har pratet og sagt at Han vil gjøre det.

På den annen side, når Gud sier, "Jeg vil gjøre det," hvis vi tror på og adlyder Hans ord, da vil vi motta svarene. På den annen side, hvis vi tviler, tester Gud, og mislykkes med å være takknemlig og istedenfor klager når det kommer til prøvelsene og lidelsene – i alt, hvis vi mislykkes i å tro på Guds løfte – da kan vi ikke motta Guds svar. Selv om Gud har lovet "Jeg vil gjøre det," kan dette løftet bare bli fullført når vi holder fast på denne forpliktelsen i bønner og i gjerninger. En kan ikke si at en tror hvis han ikke spør, men bare ser på dette løftet og sier, "Siden Gud sa det, vil det bli gjort." Og han kan heller ikke motta Guds svar fordi han gjør ikke noe for det.

2. Vi Må Spørre Om å Motta Guds Svar

Først må du ødelegge veggen som står imellom deg og Gud.

Når Daniel ble tatt til fange i Babylon etter at Jerusalem ble ødelagt, fikk han se Skriftene som inneholdt Jeremias forsyn og lærte at elendigheten i Jerusalem ville vare i sju år. I løpet av disse sju årene, ville Israel tjene kongen av Babylon, akkurat som Daniel hadde lært. Men når de sju årene var over, ble kongen av Babylon, hans kongerike, og landet til kaldeerne forbannet og ustanselig ødelagt på grunn av syndene deres. Selv om isralittene ble holdt fanget i Babylon på den tiden, var Jeremias forsyn om at de ville bli frie og vende tilbake til deres hjemland etter sytti år en øyeblikkelig ting av glede og lettelse for Daniel.

Men fremdeles delte ikke Daniel hans glede med hans medmennesker ifra Israel, selv om han lett kunne hatt gjort det. Istedenfor sverget Daniel at han ville tigge Gud gjennom bønner og påkallelser, med fasting, og med sekk og aske. Og han angret for at han og isralittene hadde syndet, gjort gale ting, vært onde, gjort opprør, og snudd seg vekk ifra Guds befalinger og lover (Daniel 9:3-19).

Gud hadde avslørt gjennom profeten Jeremias hvordan fangeskapet i Babylon ikke ville ende; Han hadde bare profetert slutten på fangeskapet etter sju århundre. For Daniel kjente til loven til det åndelige riket, men han var godt bevist over at veggen som stod mellom Israel og Gud først måtte ødelegges for at Guds ord kunne bli fullført. Ved å gjøre dette, viste Daniel hans tro gjennom gjerninger. Når Daniel fastet og angret – for seg selv og for resten av isralittene – for at han hadde vært dårlig imot Gud og blitt forbannet rett etterpå, ødela Gud veggen, svarte Daniel, ga isralittene "sytti 'sju' [uker]," og avslørte andre hemmeligheter overfor ham.

Idet vi blir Guds barn som spør etter ting ifølge vår Faders ord, burde vi innse at det å ødelegge veggen med synder kommer før det å motta noe svar på våre bønner og burde gjøre ødeleggelsen av veggen en prioritet.

Det andre er at vi må be med troen og med lydigheten. I 2. Mosebok 3:6-8 leser vi om Guds løfte til menneskene i Israel, som på den tiden var slaver i Egypt, at Han ville bringe dem ut av Egypt og føre dem til Kana'an, landet som fløt av melk og honning. Kana'an er et land som Gud lovte å gi isralittene (2. Mosebok 33:1-3). Det er det lovende landet hvor Gud befalte Israel om å ødelegge alle idolene deri og advarte dem imot å lage en avtale med mennesker som allerede bodde der og gudene deres, slik at isralittene ikke ville lage en felle mellom seg selv og deres Gud. Dette var et løfte ifra Gud som alltid fullfører det Han lover. Hvorfor kunne derfor ikke isralittene komme inn i Kana'an?

I deres utro på Gud og Hans makt, klaget isralittene til Ham, (4. Mosebok 14:1-3) og var ikke lydig mot Ham, og mislykkes derfor å komme inn i Kana'an mens han stod på dens dørterskel (4. Mosebok 14:21-23; Hebreerne 3:18-19). Kort sagt, selv om Gud hadde lovet isralittene landet Kana'an, hadde dette løfte ikke noe å si hvis de verken trodde på Ham eller adlød Ham. Hvis de hadde trodd og vært lydig mot Ham, da hadde dette løftet helt sikkert blitt fullført. På slutten kunne bare Josva og Kaleb, som trodde på Guds ord sammen med isralittenes etterkommere, komme inn i Kana'an (Josva 14:6-12). Gjennom Israels historie, la oss konsentrere oss om at vi kan motta Guds svar bare når vi spør Ham ved å stole på Hans løfte og bli lydige, og motta Hans svar ved å spørre Ham ifølge troen.

Selv om Moses selv helt sikkert trodde på Guds løfte angående Kana'an, siden isralittene ikke trodde på Guds makt, var til og med han nektet adgang til Det forjettede land. Guds arbeide kan til tider bli besvart med troen til et menneske, men kan til andre tider bare bli svart når alle som er involvert har troen som tilfredsstiller utgjørelsen av Hans arbeide. Ved å komme inn i Kana'an, forlangte Gud at alle isralittene skulle tro, ikke bare Moses. Men siden Han ikke kunne finne en slik tro blandt menneskene i Israel, tillot Han ikke isralittene å komme inn til Kana'an. Hold i tankene at når Gud leter etter troen til alle som er involvert, ikke bare et individ, da trenger alle mennesker å be med troen og med lydighet, og bli til et hjerte for å kunne motta Hans svar.

Når en kvinne som hadde lidd i 12 år av blødning mottok helbredelse ved å røre på Jesus' kappe, spurte Han, *"Hvem rørte ved mitt klesplagg?"* og fikk henne til å være vitne til hennes helbredelse foran alle menneskene som hadde samlet seg (Markus 5:25-34).

Når et individ vitner til Guds arbeide som har blitt vist i hans liv, vil dette hjelpe andre til å vokse i deres egen tro og vil styrke dem slik at de vil transformere seg selv til bedende mennesker som spør etter og som mottar Hans svar. For å motta Guds svar gjennom troen og gjøre det mulig for de troende å beholde troen og møte den levende Gud, er dette en helt ypperlig måte å lovprise Ham på.

Ved å tro på og adlyde de velsignede ordene som en finner i Bibelen, og holde i tankene at vi fremdeles må spørre selv om

Gud har lovet oss, "Jeg har talt og Jeg vil gjøre det," la oss alltid motta Hans svar, bli Hans velsignede barn, og lovprise Ham så mye man vil.

3. Kapittel

Den Åndelige Loven Angående Guds Svar

Så gikk Jesus ut
og tok veien mot Oljeberget som Han pleide,
og disiplene fulgte Ham.
Da Han var kommet fram til stedet der,
sa Han til dem: "Be om at dere ikke må komme i fristelse."
Han slet seg fra dem så langt som et steinkast,
falt på kne og ba: "Far, om du vil, så ta dette begeret fra meg!
Men la ikke min vilje skje, men din!"
Da viste en engel fra himmelen seg for Ham og styrket Ham.
Og Han kom i dødsangst og ba enda mer inntrengende,
så svetten falt som bloddråper ned på jorden.
Da Han reiste seg fra bønnen og kom tilbake til disiplene,
fant Han dem sovende, overveldet av sorg.
"Hvordan kan dere sove? spurte Han.
Reis dere og be om at dere ikke må komme i fristelse"

Lukas 22:39-46

Guds barn mottar frelse og har rett til å motta alt det de spør Gud om gjennom troen. Det er derfor vi leser i Matteus 21:22, "*Og alle ting du spør etter i bønnen, troende, det vil du få.*" Men det er fremdeles mange mennesker som undrer på hvorfor de ikke mottar Guds svar etter at de har bedt, og spør om deres bønner har overhodet blitt levert til Gud, eller tviler på om Gud har noensinne hørt bønnene deres.

Akkurat som vi må kjenne til de riktige metodene og retningene hvor en kan gå på en problem fri reise til et visst bestemmelsessted, er det bare når vi blir klar over de riktige metodene og rutene med bønner at vi kan motta Hans svar med det samme. Selve bønnene vil ikke garantere Guds svar; vi trenger å lære loven til det åndelige riket gjennom Hans svar og be ifølge denne loven.

La oss undersøke loven til det åndelige riket angående Guds svar og dens forhold med Guds sju Ånder.

1. Loven om det Åndelige Riket Angående Guds Svar

Gjennom bønner spør vi den allmektige Gud etter ting som vi ønsker og trenger, og vi kan bare motta Hans svar når vi spør Ham ifølge hva loven til det åndelige riket sier. Det er ikke noen utstrekning av menneskets anstrengelse basert på hans tanker, metoder, berømmelse, og kunnskap som noen gang vil gi ham Guds svar.

Siden Gud er en rettferdig Dommer (Salmenes bok 7:11), hører våre bønner, og svarer på dem, forlanger Han en sømmelig sum ifra oss til bytte med Hans svar. Guds svar på våre bønner kan bli sammenlignet med å kjøpe kjøtt ifra en slakter. Hvis slakteren er sammenlignet med Gud, kan skalaen som han bruker bli et apparat som Gud bruker å måle med, basert på loven til det åndelige riket, samme om en kan motta Hans svar eller ikke.

Forestill deg at vi dro til en slakter for å kjøpe to pund med kjøtt. Når vi spør ham om en viss mengde kjøtt, da vil slakteren veie kjøttet og se om det kjøttet han har samlet sammen veier to pund eller ikke. Hvis kjøttet på vekten veier to pund, da vil slakteren motta den nødvendige summen penger for de to pundene med biff, pakke inn kjøttet, og gi det til oss.

Samtidig vil Han uten tvil motta noe tilbake fra oss som kan garantere at vi får et svar ifra Ham, mens Gud svarer på vår bønn. Dette er loven til det åndelige riket om Guds svar.

Gud hører våre bønner, aksepterer en passende verdi ifra oss, og så vil Han svare oss. Hvis en ennå ikke har mottat Guds svar på hans bønner, er dette på grunn av at han ikke ennå har gitt Gud en sum som er sømmelig for Hans svar. Siden hvor mye vi kan få varierer på inneholdet av ens bønner, må han be på og samle opp den nødvendige summen, helt til han mottar den tro hvor han kan motta Guds svar. Selv om vi ikke kjenner til den passende summen om hvor mye Gud trenger oss, trenger Han oss. Så ettersom vi ser nærmere på stemmen til den Hellige Ånd, trenger vi å spørre Gud etter noe med fasting, visse ting med forsikrede nattlige bønner, andre med gråtende bønner, og også andre med takknemlige offringer. En slik gjerning samler opp summen som er nødvendig for å motta Guds svar, idet Han gir oss den troen hvor vi kan tro og velsigner oss med Hans svar.

Selv om to mennesker setter seg til side og starter å be med trofaste bønner, vil den ene motta Guds svar så fort han begynner med de trofaste bønnene, mens en annen vil mislykkes i å motta Hans svar selv etter en tid med trofaste bønner har kommet og gått. Hvilken forklaring kan vi finne på denne forskjellen?

For Gud er klok og forbereder Hans planer på forhånd, hvis Gud sier at et individ har et hjerte som vil fortsette å be helt til perioden med svoren prayer har sluttet, vil Han svare på personens anmodning med det samme. Men hvis en mislykkes med å motta Guds svar for et problem som hun nå møter, da er dette på grunn av at hun mislykkes i å helhjertet gi Gud en sømmelig sum for Hans svar. Når vi svor at vi skulle be en viss periode, burde vi vite at Gud har ledet våre hjerter slik at Han ville motta den sømmelige summen av bønner fra Hans svar. Hvis vi derfor mislykkes med å samle opp denne summen, vil vi mislykkes med å motta Guds svar.

Hvis for eksempel en mann ber for hans kommende kone, da vil Gud søke etter en riktig brud for ham og vil lage istand ting slik at Han vil arbeide for alle mannens gode ting. Dette betyr ikke at den riktige bruden kommer til syne rett foran mannens øyne selv om han ikke ennå har kommet i den alderen hvor en gifter seg, bare på grunn av at han har bedt for henne. For Gud svarer de som tror at de har mottat Hans svar, og ved den tiden Han valgte, vil Han avsløre Hans arbeide overfor dem. Men når ens bønner ikke stemmer med Hans vilje, da er det ikke noen garanti som er god nok for Guds svar. Hvis denne samme mannen leter etter og ber for hans fremtidige brud, vil slike utadvendte situasjoner som utdannelses bakgrunn, utseende, rikdom, berømmelse, og liknende – med andre ord, bønner fyllt med grådighet som har blitt formet innenfor rammen av hans sinn – da vil ikke Gud svare ham.

Selv om to mennesker ba til Gud med det nøyaktig samme problemet, er deres frelses utstrekning og målingen av troen deres som de kan fullstendig tro på forskjellig, og antall bønner som Gud mottar er også forskjellig (Johannes' åpenbaring 5:8). En vil kanskje motta Guds svar på en måned mens andre ville motta dem på en dag.

Jo større betydningen av Guds svar til ens bønner, jo flere bønner må han ha. Ifølge loven til det åndelige riket, vil en mektig skapning få større prøvelser og komme frem som gull, mens en liten skapning vil bli prøvet på en lavere skala og bare bli brukt littegrann av Gud. Derfor må ingen dømme andre å si, "Se på alle hans vanskeligheter uansett hans trofasthet!" og skuffe Gud på alle slags måter. Blandt våre forfedres tro, ble Moses testet i 40 år og Jakob i 20 år, og vi vet hvor passende en skapning hver og en ble i Guds øyne og ble brukt for Hans store grunner etter at de hadde holdt ut hver deres prøvelser. Tenk på hvordan et nasjonalt fotball lag har blitt dannet og hvordan de blir trent. Hvis en viss spillers dyktighet er så mye verdt at en vil registrere ham, er det bare etter mere tid og anstrengelse med trening at han kan representere landet sitt.

Om svaret vi venter på ifra Gud er stort eller lite, må vi røre ved Hans hjerte for å motta svar ifra Ham. Når vi ber om å få alt det vi spør om, da vil Gud bli rørt og vil svare oss når vi gir Ham et passende beløp med bønner, renser vårt hjerte for å ikke ha noen synder stående mellom Gud og oss, og gi Ham takknemlighet, glede, offringer, og liknende som bevis på vår tro på Ham.

2. Forholdet mellom Loven til det Åndelige Riket og de Sju Åndene

Akkurat som vi har undersøkt med metaforen av slakteren og hans vekt ovenfor, vil Gud måle hvor mange bønner hvert eneste menneske har ifølge loven av det åndelige riket og uten noen feil forutsi om denne personen har samlet opp et passende antall bønner. Mens de fleste mennesker bare dømmer et prosjekt med det som er synlig for øynene deres, vil Gud lage en nøyaktig evaluering med Guds sju Ånder (Johannes' åpenbarelse 5:6). Med andre ord, når en har blitt erklært kvalifisert av de sju Åndene, da får han Guds svar på hans bønner.

Hva måler de sju Åndene?

Først måler de sju Åndene ens tro.

I troen er det 'åndelig tro' og 'kjødelig tro.' Den type tro som de sju Åndene måler er ikke kunnskapens tro – kjødelig tro – men åndelig tro som lever og som er forbundet med arbeide (Jakobs 2:22). Det er for eksempel en scene i Markus 9 hvor faderen til et barn som var besatt av demoner som hadde gjort ham stum kom til Jesus (Markus 9:17). Faderen sa til Jesus, "Jeg tror; hjelp meg med min vantro!" Her tilstod faderen hans kjødelige tro, og sa, "Jeg tror" og spurte Ham om åndelig tro, ved å si, "Hjelp meg med min vantro!" Jesus svarte Faderen med det samme og helbredet gutten (Markus 9:18-27).

Det er umulig å tilfredstille Gud uten tro (Hebreerne 11:6). Men vi kan fremdeles fullføre våre hjertes ønsker når vi tilfredstiller Ham, med troen som kan tilfrestille Gud, kan vi oppnå våre hjertes ønsker. Så hvis vi derfor ikke mottar Guds svar selv om Han har bedt oss om det, "Det skal bli gjort for deg akkurat som du tror," betyr dette at vår tro ikke ennå har blitt fullkommen.

Det andre er at de sju Åndene måler ens lykke.

For 1. Tessalonikerne 5:16 ber oss om å alltid være lykkelige, og at det er Guds vilje at vi alltid må være lykkelige. Istedenfor å være lykkelig i vanskelige tider, vil mange kristne i dag finne seg selv rammet i engstelse, frykt, og bekymringer. Hvis de virkelig tror på den levende Gud med hele deres hjerte, kan de alltid bli lykkelige samme hvilken situasjon de befinner seg i. De kan være lykkelige i et ivrig håp som ligger i det evige himmelske kongerike, ikke i denne verden som passerer forbi på kort tid.

Det tredje er at de sju Åndene måler ens bønner.

For Gud ber oss om å be uten å stoppe (1. Tessalonikerne 5:17) og lover å gi til de som spør Ham (Matteus 7:7), det er bare forståelig at en kan motta fra Gud det vi ber om i bønner. Bønnene som Gud er tilfredstilt med innebærer å be regelmessig (Lukas 22:39) og knele ned for å be på samme linje som Guds vilje. Med en slik holdning og sinnstilstand, vil vi naturligvis rope ut til Gud med hele vårt hjerte og vår bønn vil komme fra troen og kjærligheten. Gud vil undersøke slike bønner. Vi skal ikke be bare når vi vil ha noe eller blir triste og bare babbler i bønnene, men når vi ber ifølge Guds vilje (Lukas 22:39-41).

Den fjerde er at de sju Åndene måler ens takknemlighet.

For Gud har befalt oss om å være takknemlig for alt (1. Tessalonikerne 5:18), alle med troen burde naturligvis være takknemlige for alt med hele deres hjerte. Siden Han har flyttet oss ifra veien mot ødeleggelse og til veien mot det evige livet, hvordan kunne vi ikke være takknemlige? Vi burde være takknemlige for Guds møte med de som alvorlig leter etter Ham og for Hans svar til de som spør Ham. Og selv om vi møter vanskeligheter i løpet av vårt korte liv her på jorden, må vi være takknemlige på grunn av at vi har håp om det evige himmelrike.

Den femte er om de sju Åndene som måler om en oveholder Guds budskaper eller ikke.

1. Johannes 5:2 forteller oss, *"Ved dette vet vi at vi elsker Guds barn, når vi elsker Gud og overholder Hans budskap,"*

og Guds budskap er ikke tunge (1. Johannes 5:3). Ens iherdige bønner nede på knærne og ropingen ut til Gud er bønner med kjærlighet som kommer ifra hans tro. Ved hans tro og i hans kjærlighet for Gud, vil han be ifølge Hans ord.

Men det er fremdeles mange mennesker som klager på mangel av Guds svar når de drar vestover selv om Bibelen ber dem om å "Dra østover." Alt de trenger er å tro på det Bibelen forteller dem og adlyde det. For de er hurtige til å sette Guds ord til siden, bedømme hver enkelt situasjon ifølge deres egne tanker og teorier, og be ifølge deres egen gagn, og Gud vil snu sitt ansikt vekk ifra dem og ikke svare dem. Forestill deg at du lovte å møte din venn på en togstasjon i byen New York, men senere innså at du foretrakk bussen istedenfor toget, og tok så bussen til New York istedenfor. Samme hvor lenge du venter på busstasjonen, kan du aldri møte kameraten din. Hvis du dro mot vest etter at Gud hadde bedt deg om å "Dra østover," kan du ikke si at du adlød Ham. Men likevel er det helt hjerteskjærende å se at så mange kristne har en slik tro. Dette er hverken tro eller kjærlighet. Hvis vi sier at vi elsker Gud, er det bare naturlig for oss å overholde Hans budskaper (Johannes 14:15; 1. Johannes 5:3).

Kjærligheten for Gud vil drive deg til å bare be mer iherdig og flittig. Dette vil igjen bære frukt i rensingen av sjelen og evangelisering, og fullførelsen av Guds kongerike og rettferdighet. Og din sjel vil vokse og du vil motta makten av bønnene. Siden du mottar svaret og lovpriser Gud og på grunn av at du tror på at du vil bli belønnet for alt dette i himmelen, vil du være takknemlig og ikke bli mer trett. Så hvis vi gir uttrykk

Den Åndelige Loven Angående Guds Svar • 33

for vår tro på Gud, er det bare naturlig for oss å adlyde de Ti Budskapene, sammendraget av de seksti seks bøkene i Bibelen.

Sjette, de sju Åndene måler ens trofasthet.

Gud vil at vi ikke bare skal være trofaste på et spesielt område, men være trofast i alle Hans hus. Og som det også ble skrevet ned i 1. Korinterne 4:2, *"Og til og med i dette tilfelle, er det nødvendig for tjenere at en kan bli funnet troverdige,"* det er riktig for de som har fått forpliktelser ifra Gud å spørre Gud om å styrke dem slik at de kan bli trofaste i alt og troverdige overfor menneskene rundt dem. I tillegg, burde de spørre etter trofasthet hjemme og på arbeidet, og idet de strever etter å bli trofaste i alt som de tar en del i, må deres trofasthet bli fullført sannferdig.

Den sjuende og siste, de sju Åndene måler ens kjærlighet.

Selv om en er kvalifisert ifølge de seks standardene ovenfor, forteller Gud oss at uten kjærlighet er vi "ingenting" men "klingrende cymbal," og at den største blandt troen, håpet, og kjærligheten er kjærligheten. Det vil si at Jesus fullførte loven med kjærlighet (Romerne 13:10) og som Hans barn er det bare riktig for oss å elske hverandre.

For at vi kan motta svar på våre bønner ifra Gud, må vi først være kvalifiserte når det blir målet opp imot standardene til de sju Åndene. Betyr dette at nye troere, som ikke ennå kjenner til sannheten, ikke kan motta Guds svar?

Forestill deg at et lite barn som ennå ikke kan snakke, en dag uttaler ordet "Mor" klart og tydelig! Hans foreldre ville bli så henrykte og gi barnet deres alt det han ønsker.

På samme måte, siden det er sju forskjellige nivåer av troen, vil de sju Åndene måle hver eneste en og gi svar deretter. Gud er derfor rørt og lykkelig over å svare en novise når hun selv viser bare en liten tro. Gud er rørt og lykkelig over å svare når de troende på det andre eller tredje nivået av troen har samlet opp deres korresponderende måling av troen. De troende på det fjerde eller femte nivået av troen, er kvalifiserte med det samme i øynene til de sju Åndene og kan motta Guds svar enda hurtigere, når de lever ifølge Guds vilje og ber på en mer passende måte.

Alt i alt vil han motta Guds svar mye hurtigere jo høyere et nivå han finner seg selv på, siden han er mye mere klar over loven til det åndelige riket og vil leve etter det. Så av hvilken grunn vil nybegynnere ofte motta Guds svar hurtigere? Ved nåden som han mottar ifra Gud, vil en ny troer bli fyllt med den Hellige Ånd og bli kvalifisert i øynene til de sju Åndene og derfor motta Guds svar mye hurtigere.

Men idet han går dypere inn i sannheten, blir han dorsk og vil gradvis miste den første kjærligheten idet gløden som han en gang hadde hatt blir kaldere og har en tendens til å "oppfinne ting ettersom du går."

I vår entusiasme for Gud, la oss bli riktige i øynene til de sju Åndene ved å ivrig leve i sannheten, motta alt det vi spør Faderen om i bønnene, og lede velsignede liv hvor vi gir Ham ære!

4. Kapittel

Ødelegg den Syndige Veggen

Se, HERRENs hånd er ikke så kort
At Han ikke kan frelse, og Hans øre er døvt
Så Han ikke kan høre.
Nei, det er deres misgjerninger som skiller
mellom dere og deres Gud.
Deres synder skjuler Hans ansikt,
så Han ikke hører dere.

Esaias 59:1-2

Gud forteller Hans barn i Matteus 7:7-8, *"Spør og det skal bli gitt til deg; let, og du skal finne det; bank på, og den vil åpne seg for deg. For alle de som spør, vil motta, og han som leter vil finne, og for han som banker på vil det bli åpnet"* og lover dem å svare på deres bønner. Så hvorfor mislykkes så mange mennesker med å mottat Guds svar på deres bønner, uansett Hans løfte?

Gud hører ikke bønnene til syndere; Han snur sitt ansikt vekk ifra dem. Han kan heller ikke svare på bønnene til menneskene som har en vegg med synder stående på deres vei til Gud. Så for å kunne nyte god helse og at alt skal gå godt med oss selv når vår sjel vokser, må ødeleggelse av veggen med synder som blokkerer vår vei mot Gud bli en prioritet.

Ved å undersøke forskjellige elementer som har funnet sted i lagingen av den syndige veggen, anbefaler jeg hver en av dere å bli Guds velsignede barn som angrer på hans synder hvis det finnes en vegg med synder mellom Gud og han selv, mottar alt han spør Gud etter i bønnene, og gir Ham ære.

1. Ødelegg Veggen med Synder fra din Utro på Gud og For at Du Ikke Aksepterte Herren som Din Frelser

Bibelen sier at det er en synd for alle å ikke tro på Gud og akseptere Jesus Kristus som hans Frelser (Johannes 16:9). Mange mennesker sier, "Jeg er uskyldig fordi jeg har ledet et godt liv," men i åndelige uvitenhet vil de gi slike bemerkninger uten å kjenne til syndens natur. For Guds ord finnes ikke i hjertet deres, disse menneskene kjenner ikke til forskjellen mellom den sanne virkeligheten og den sanne urettheten og kan ikke se forskjell på godt og ondt. Og ved og ikke videre kunne kjenne til den riktige rettferdigheten, hvis standarden her i denne verden forteller dem, "Du er ikke så ond," kan de si uten noen som helst reservasjon at de er gode. Samme hvor godt et liv en vil tro at en har hatt, når han ser tilbake på livet sitt under Guds ords lys etter at han har akseptert Jesus Kristus, vil han finne ut av at hans liv ikke har vært "godt" i det hele tatt. Dette er på grunn av at han innser at hans aller største synd har vært å ikke ha trodd på Gud og ikke akseptert Jesus Kristus. Gud må svare på bønnene til mennesker som har akseptert Jesus Kristus og bli Hans barn, mens Guds barn har rettighetene til å motta Hans svar på deres bønner ifølge det Han har lovet dem.

Grunnen til at Guds barn – de som tror på Ham og har akseptert Jesus Kristus som deres Frelser – ikke kan motta svar på deres bønner, er på grunn av at de har vært mislykket med å anerkjenne den eksisterende veggen, som kommer ifra synden og ondskapen deres, som står mellom dem og Gud. Det er derfor Gud snur Hans ansikt vekk ifra dem og ikke svarer på deres bønner, selv om de faster eller holder seg våkne hele natten med bønner.

2. Ødelegg Synden med å Ikke Kunne Elske Hverandre

Gud forteller oss at det bare er naturlig for Hans barn å elske hverandre (1. Johannes 4:11). I tillegg, siden Han forteller oss å elske selv våre fiender (Matteus 5:44), er det å hate våre brødre istedenfor å elske dem å ikke adlyde Guds ord og vil derfor være en synd.

Siden Jesus Kristus viste Hans kjærlighet gjennom korsfestelsen for menneskene, som var begrenset i synden og ondskapen, er det riktig for oss å elske våre foreldre, brødre, og barn. Og fremdeles er det en synd mot Gud å ta imot slike fjollete følelser som hat og uvillighet til å tilgi hverandre. Gud har ikke bedt oss om å vise Ham hva slags kjærlighet Jesus døde av på korset for å frelse menneskene ifra deres synder; Han har bare spurt oss om å gøre hat til tilgivelse for andre. Hvorfor er dette så vanskelig?

Gud forteller oss at alle som hater hans brødre er en "morder" (1. Johannes 3:15), og at Faderen vil behandle oss på samme måte hvis vi ikke tilgir våre brødre (Matteus 18:35), og anbefaler oss om å ta imot kjærlighet og holde seg borte fra å klage til våre brødre for å unngå dommen (Jakob 5:9).

For den Hellige Ånd oppholder seg i oss alle, ved Jesus Kristus kjærlighet som ble korsfestet og som har reddet oss ifra våre tidligere synder, nuværende synder, og fremtidige synder, og vi kan elske alle mennesker når vi går til Ham og angrer, omvender oss, og mottar Hans tilgivelse. For menneskene her i verden tror ikke på Jesus Kristus, og det er derfor ikke noen tilgivelse for dem selv om de skulle angre, og de kan ikke dele en virkelig kjærlighet med hverandre uten ledelsen av den Hellige Ånd.

Selv om din bror hater deg, må du ha et hjerte som holder på sannheten, forstår og tilgir ham, og ber for ham med kjærlighet, slik at du ikke selv blir en synder. Hvis vi hater våre brødre istedenfor å elske dem, da har vi syndet mot Gud, mistet den fullstendige Hellige Ånden, blitt ynkelige og dumme mens vi brukte hver eneste dag på å klage. Og vi burde heller ikke forvente at Gud skal svare på våre bønner.

Bare ved hjelp av den Hellige Ånd kan vi få kjærlighet, forståelse, og tilgi våre brødre og motta alt det vi spør Gud om i bønnene.

3. Ødelegge den Syndige Veggen med å være Ulydig overfor Guds budskaper

I Johannes 14:21 fortalte Jesus oss, *"Han som har Mine budskap og og holder på dem er den som elsker Meg; og han som elsker Meg vil bli elsket av Min Fader, og jeg vil elske ham og jeg vil vise Meg selv for ham."* På grunn av dette forteller 1. Johannes 3:21 oss at *"Mine kjære, dersom vårt hjerte ikke fordømmer oss, kan vi være frimodige overfor Gud."* Hvis en vegg med synd har blitt skapt på grunn av vår ulydighet til Guds befalinger, kan vi med andre ord ikke motta Hans svar på våre bønner. Bare når Guds barn adlyder deres Faders befalinger og gjør ting som er tilfredstillende til Ham, kan de spørre Ham om alt det de vil ha med tillit og motta alt det de spør etter.

1. Johannes 3:24 minner oss om, *"Han som holder ved Hans budskap, retter seg etter Ham, og Han i ham. Vi vet at på grunn av dette retter Han seg etter oss, ved den Ånden som Han har gitt oss."* Det legger trykk på at bare når ens hjerte er fyllt med sannheten ved å helhjertet gi vår Herre hans hjerte og leve ifølge ledelsen av den Hellige Ånd, kan han motta alt det han spør om, og hans liv vil bli sukksessfult på alle måter.

Hvis det for eksempel er et hundre rom i ens hjerte og han ga alle hundre til Herren, ville hans sjel vokse og han ville motta velsignelse slik at alt ville gå godt for ham. Men hvis den samme personen ga Herren femti av rommene i hans hjerte og brukte de andre femti til hans rådighet, ville han ikke alltid motta Guds svar fordi han vil bare motta den Hellige Ånds ledelse halvparten av tiden, mens han bruker de andre femti til å spørre Gud fra hans egne tanker eller ifølge hans kjødelige begjær. For vår Herre oppholder seg i oss, selv om det er et hinder foran oss vil Han styrke oss til å enten gå rundt det eller springe over det. Selv om vi går gjennom skyggens dal vil Han gi oss en måte å unngå det på, arbeide for alt det som er godt, og lede oss til rikdom.

Når vi tilfredstiller Gud ved å følge Hans budskap, lever Gud i oss og vi i Ham, og vi kan gi Ham ære idet vi mottar alt det vi spør Ham om i bønner. La oss ødelegge veggen med synden om å ikke adlyde Guds befalinger, begynne å adlyde dem, være tillitsfulle til Gud, og lovprise Ham ved å motta alt det vi spør om.

4. Ødelegg Veggen med Synden om å Tilfredstille ens Egne Ønsker

Gud ber oss om å gjøre alt i livet for Hans lovprisning (1. Korinterne 10:31). Hvis vi ber om noe untatt for Hans ære, da søker vi etter å utfylle våre egne kjødelige begjær og ønsker, og kan ikke motta Guds svar på slike ønsker (Jakob 4:3).

På den ene siden, hvis du søker etter materialistiske velsignelser for Guds kongerike og Hans rettferdighet, stønad for de fattige, og forsøk på å frelse sjelene, vil du motta Guds svar på grunn av at du egentlig søker etter Hans ære. På den annen siden, hvis du søker etter materialistiske velsignelser med håp om å kunne skryte til en bror som irettsetter deg, "Hvordan kan du være fattig når du går i kirken?" du ber ifølge ondskapen for å tilfredstille dine begjær, og du vil ikke få noe svar på dine bønner. Selv her i denne verden, vil foreldre som virkelig elsker deres barn ikke gi dem N.Kr 500 for å sløse bort i en spillehall. På samme måte vil ikke Gud at Hans barn skal spasere ned den gale veien og på grunn av dette svarer Han ikke på hvert eneste ønske til Hans barn.

1. Johannes 5:14-15 forteller oss, *"Og dette er vår frimodige tillit til Ham: at Han hører oss når vi ber om noe som er etter Hans vilje. Og når vi vet at Han hører oss hva vi enn ber om, så vet vi at vi allerede har det vi har bedt om."* Bare når vi kaster vekk våre begjær og ber ifølge Guds vilje og for Hans ære, vil vi motta alt det vi spør Ham om i bønner.

5. Ødelegg Veggen med den Tvilende Synden i Bønnene

For Gud er tilfredstilt når vi viser Ham troen, for uten troen er det umulig å tilfrestille Gud (Hebreerne 11:6). Vi kan selv finne mange tilfeller ifra Bibelen hvor Guds svar fant veien til menneskene som viste Ham troen deres (Matteus 20:29-34; Markus 5:22-43, 9:17-27, 10:46-52). Når mennesker mislykkes i å vise troen deres på Gud, ble de irettesatt for deres "lille tro" selv om de var Jesus' disipler (Matteus 8:23-27). Når mennesker viste Gud hvor mye de trodde på Ham, ble selv Hedningene lovprist (Matteus 15:28).

Gud irettsetter de som ikke er istand til å tro, men som heller tviler litt (Markus 9:16-29), og forteller oss at selv om vi bare tviler litt mens vi ber, burde vi ikke tro at vi kan motta noe ifra Herren (Jakob 1:6-7). Selv om vi med andre ord faster og ber gjennom hele natten, burde vi ikke engang forvente å motta Guds svar, hvis våre bønner er fylt med tvil.

Gud vil også minne oss om, *"Sannelig, jeg sier dere: Om noen sier til dette fjellet: 'Løft deg og kast deg i havet!' og han ikke tviler i sitt hjerte, men tror at det han sier, vil skje, da skal det ogs3 gå slik. Derfor sier jeg dere: Alt det dere ber om i bønnene deres – tro at dere har fått det, og dere skal få det"* (Markus 11:23-24).

For *"Gud er ikke en mann som lyver, et menneske som skifter sitt sinn"* (4. Mosebok 23:19), og som Han lovte svarer Gud ganske visst på bønnene til alle de som tror og spør etter

Hans ære. Mennesker som elsker Gud og som tror er nødt til å tro og søke etter Guds ære og det er derfor de blir bedt om å spørre etter alt det de ønsker. Akkurat som de tror, spør om, og mottar svar på alt det de spør om, kan disse menneskene lovprise Gud. La oss bli kvitt vår tvil og bare tro, spørre, og motta ting fra Gud slik at vi kan gi Ham ære helt til vårt hjerte blir tilfredtilt.

6. Ødelegg Veggen med Synden om ikke å Så til Gud

Som Herren av alt i universet, har Gud etablert loven med det spirituelle riket og som en rettferdig Dommer leder Han alt på en systematisk måte.

Kong Darius kunne ikke redde hans elskede tjener Daniel fra løvehulen, selv om han var konge, for han kunne ikke bryte påbudene som han selv hadde skrevet ned. På samme måte kan Gud ikke bryte loven til det åndelige riket som *Han Selv* har etablert, og alt i universet blir gjort systematisk under Hans ledelse. "Gud er derfor ikke hånet" og vil tillate en mann å høste inn det han har sådd (Galaterne 6:7). Hvis en sår bønner, vil han motta åndelig velsignelser; hvis han sår hans tid, vil han motta velsignelser med god helse; hvis han sår offringer, Gud vil holde ham vekk ifra problemer i hans firma, på arbeidet, og hjemme, og gi bare større materialistiske velsignelser.

Når vi sår til Gud på forskjellige måter, vil Han svare på våre bønner og gi oss alt det vi spør etter. Ved å ivrig så til Gud, la oss

Ødelegg den Syndige Veggen • 45

ikke bare bære en overflod av frukt, men også motta alt det Han spør etter i bønner.

I tillegg til de seks veggene med synder som har blitt omtalt om ovenfor, "synd" inkluderer slike kjødelige ønsker og arbeider som urettferdighet, misunnelse, sinthet, raseri, og stolthet, og ikke kjempe imot syndene til du forblør og ikke være ivrig etter Guds kongerike. Ved å lære og forstå forskjellige omstendigheter som setter opp en vegg som står mellom Gud og oss, la oss ødelegge veggen med synden og alltid motta Guds svar, og dermed gi Ham ære. Vi burde alle bli troende som nyter god helse og at alle våre affærer skal gå godt selv når vår sjel vokser.

Basert på Guds ord i Esaias 59:1-2, har vi undersøkt flere forhold som utgjør en vegg med synder som står mellom Gud og oss. Jeg håper at dere alle vil bli Guds velsignede barn som først forstår egenskapen av denne veggen, nyter god helse og som har sukksess i alle forhold selv når hans sjel vokser, og gir ære til hans himmelske Fader ved å motta alt som han spør etter i bønnene, i Jesus Kristus navn jeg ber!

5. Kapittel

Du Høster Det Du Har Sådd

Men det sier Jeg,
den som sår sparsomt, skal høste sparsomt,
og den som sår med velsignelse, skal høste med velsignelse.
Enhver skal gi det han har bestemt seg for i sitt hjerte,
ikke med ulyst eller av tvang.
For Gud elsker en glad giver.

2. Korinterne 9:6-7

Hver eneste vår, kan vi se en overflod av gyldne mengder av modne risplanter i åkeren. For at disse risplantene skal bli høstet, vet vi at det har vært bønnenes iherdige arbeide og engasjement ifra de plantet frøene til gjødsling av åkrene til å drive frem plantene gjennom høsten og sommeren.

En bonde som har en stor åker og som sår mere frø må arbeide hardere enn en bonde som sår mindre frø. Men med håp om å innhøste en stor avling, arbeider han mer iherdig og lidenskapelig. Akkurat som lovens natur dikterer at "En innhøster det en har sådd," burde vi vite at Guds lov som er Eieren av det åndelige riket følger det samme mønsteret.

Blandt dagens kristelige, er det noen som spør Gud om å fullføre deres ønsker uten å så mens andre klager på mangel av svar uansett mange bønner. Selv om Gud vil gi Hans barn massevis av velsignelser og gi svar på hver og en av deres problemer, vil menneskene ofte mislykkes i å forstå loven med å så og innhøste og vil derfor ikke motta det han ønsker ifra Gud.

Basert på naturens lov som forteller oss, "En innhøster det en har sådd," la oss finne ut av hva vi burde så og hvordan vi burde så dem for å alltid kunne motta Guds svar og gi Ham ære uten forbehold.

1. Åkeren må Først Bli Kultivert

Før en sår frø, må en bonde kultivere åkeren hvor han skal

arbeide. Han plukker ut steiner, sletter ut bakken, og lager et miljø og forhold hvor frøene kan vokse riktig. Ifølge bondens iherdige arbeide og ivrighet, kan selv et øde land bli omgjort til en fruktbar jord.

Bibelen sammenligner hjertet til hver person til en åker og kategoriserer det inn til fire forskjellige typer (Matteus 13:3-9).

Den første typen er "en åker ved siden av veien."

Jorden i åkeren ved siden av veien er hard. Et individ med et slikt hjerte vil gå i kirken, men selv etter at de hører ordet, åpner han ikke døren til hans hjerte. Han er derfor ute av stand til å kjenne Gud, på grunn av mangel på tro, og mislykkes med å bli opplyst.

Den andre type er "en steinete åker."

I denne steinete åkeren, kan ikke knoppene vokse opp riktig, på grunn av steinene i åkeren. Et individ med et slikt hjerte kjenner ordet bare som en kunnskap og hans tro er ikke forbundet med gjerninger. For han mangler troens sikkerhet, han faller hurtig på tider med prøvelser og lidelser.

Den tredje typen er "en tornete åker."

I denne tornete åkeren, kan en ikke høste god frukt, på grunn av tornene som vokser opp og kveler plantene. Et individ med et slikt hjerte tror på Guds ord og prøver å leve etter det. Men han handler ikke ifølge Guds vilje men ifølge de kjødelige ønskene. Siden dyrkingen av ordet som er sådd inn i hans hjerte har blitt tuklet med på grunn av fristelse av eiendom og fortjeneste eller bekymringer overfor denne verdenen, kan den ikke bære frukt. Selv om han ber, kan han ikke stole på den "usynlige" Gud og er derfor hurtig med å involvere hans egne tanker og veier. Det er derfor han ikke kan erfare Guds makt idet Han bare kan se på den personen fra lang avstand.

Den fjerde typen er "god jord."

En troende med en slik god jord sier bare "Amen" til alt det som er Guds ord og adlyder det ved troen uten å bringe inn noe av hans egne tanker eller gjøre noen kalkulasjoner. Når frø har blitt sådd i denne gode jorden, vil de vokse godt og bære frukter hundrevis, seksti eller tredve ganger hva som ble sådd.

Jesus sa bara "Amen" og var trofast overfor Guds ord (Filippenserne 2:5-8). På samme måte er et individ med et hjerte som en "god jord", trofast uten betingelser mot Guds ord og vil leve etter det. Hvis Hans ord ber ham om å alltid være lykkelig, er han lykkelig i alle omstendigheter. Hvis Hans ord ber ham om å be hele tiden, da vil han be uten stopp. En person som har et hjerte i likhet med "god jord" kan alltid kommunisere med Gud, motta alt det han spør Ham om i bønnene, og leve etter Hans vilje.

Samme hva slags åker vi vil ha på den tiden, kan vi alltid omvende den til en god jord. Vi kan pløye opp steinete åkre og plukke opp steinene, fjerne tornene, og gjødsle alle åkrene.

Hvordan kan vi så oppdra vårt hjerte til en "god jord"?

Først må vi lovprise Gud i ånden og i sannheten.

Vi må gi Gud hele vårt sinn, vilje, dedikering, og styrke, og med kjærlighet offra Ham vårt hjerte. Bare da kan vi bli holdt trygge fra uvirksomme tanker, tretthet, og søvnighet og kan snu våre hjerter til en god jord med den makten som kommer ovenifra.

På den annen side må vi fjerne våre synder helt til vi forblør.

Når vi fullstendig adlyder Guds ord, inkludert alle "Gjør dette" og "Ikke gjør dette" befalingene, og lever etter det, vil vårt hjerte gradvis omvende seg til en god jord. Når for eksempel misunnelse, sjalusi, hat og liknende blir funnet, da kan vårt hjerte bare bli gjort til en god jord hvis vi ber iherdig.

Like mye som vi undersøker vårt hjertes åker og iherdig kultiverer det, vil vår tro bare vokse mere og i Guds kjærlighet vil alle våre saker også gå godt. Vi må ivrig kultivere vårt land fordi jo mer vi lever etter Guds ord, jo mer vil vår åndelig tro vokse. Jo mer vår åndelig tro vokser, jo mer "god jord" kan vi ha. For slik må vi oppdra vårt hjerte bare mere iherdig.

2. Forskjellige Frø Må Bli Sådd

Så fort jorden har blitt kultivert, vil bonden begynne å så frø. Akkurat som vi spiser forskjellig typer mat for å balansere og opprettholde vår helse, vil bonden plante og vokse slike forskjellige frø som ris, hvete, grønnsaker, bønner, og liknende. Når vi sår foran Gud, må vi så mange forskjellige ting. "Å så" refererer åndelige til å adlyde, blandt Guds budskap, det vil si det Han ber oss om å "Gjøre." For eksempel, hvis Gud ber oss om å alltid juble, da kan vi så med vår glede som stammer ifra våre håp om himmelen, og ved denne gleden er også Gud lykkelig og Han gir oss våre hjertes ønsker (Salmenes bok 37:4). Hvis Han ber oss om å "Forkynne evangeliet," da må vi spre Guds ord iherdig. Hvis Han ber oss om å "Elske hverandre," "Være trofast," "Være takknemlig," og "Be," burde vi gjøre nøyaktig og iherdig det vi har blitt fortalt.

I tillegg er det å leve etter Guds ord som det å gi en tiendedel og holde Helligdagen hellig en gjerning med å så foran Ham, og det vi sår kan skyte knopper, vokse godt, blomstre, og bære massevis av frukt.

Hvis vi sår sparsomt, motvillig, eller under tvang, da vil Gud ikke akseptere vår anstrengelse. Akkurat som en bonde sår hans frø i håp om en god avling på våren, må han også med troen ha tro på og rette våre øyne på Gud som gir oss en velsignelse på hundre, seksti, eller tredve ganger det vi sår.

Hebreerne 11:6 forteller oss, *"Og uten tro er det umulig å tilfredstille Ham, for ham som kommer til Gud må tro på at Han er en som belønner de som leter etter Ham."* Ved å sette vår tillit i Hans ord, kan vi høste massevis her i denne verdenen og oppbevare våre belønninger i det himmelske kongerike når vi ser til vår Gud som belønner og sår foran Ham.

3. Åkeren Må Bli Tatt Vare På med Tålmodighet og med Dedikasjon

Etter at vi sår frøene vil bonden ta vare på åkeren med den ytterste forsiktighet. Han vanner plantene, luker dem, og fjerner alle insektene. Uten slik iherdig anstrengelse, vil planter komme opp men visne og dø før de bærer noen frukt.

Åndelig, står "vann" for Guds ord. Akkurat som Jesus forteller oss i Johannes 4:14, *"Men alle de som drikker av det vannet som Jeg vil gi ham vil aldri tørste; men det vannet som Jeg vil gi ham vil bli til en brønn med vann som springer opp til det evige livet,"* vann symboliserer evig liv og sannheten. "Fanging av insekter" står for å holde vakt på Guds ord som har blitt plantet i vårt hjerte og stiller opp imot fiende djevelen. Gjennom gudstjeneste, lovprisning, og bønner kan fullheten i vårt hjerte bli vedlikeholdt selv om fiende djevelen kommer for å forstyrre vårt feltarbeide.

"Luking av åkeren" er prosessen hvor vi kan fjerne slike usannheter som raseri, hat, og liknende. Idet vi ber iherdig og kjemper med å kaste vekk raseri og hat, blir raseri ødelagt av et ydmykt frø som vokser opp og hat blir ødelagt av et kjærlighets frø som vokser opp. Når usannhetene har blitt luket ut og den forstyrrende fiende djevelen har blitt fanget, da kan vi vokse opp som Hans sanne barn.

En viktig omstendighet når vi tar vare på åkeren etter at vi har sådd frø venter på den rette tiden med tålmodighet. Hvis bonden graver opp bakken rett etter at han har sådd frøene for å se om hans planter vokser opp eller ikke, kan frøene lett rotne. Helt til innhøsting, er det nødvendig med mye hengivenhet og tålmodighet.

Tiden som er nødvendig for å bære frukt er forskjellig ifra frø til frø. Mens melon eller vannmelon frø kan bære frukt på mindre enn et år, trenger epler og pærer et par år. En ginseng bondes lykke ville være mye større enn den til en vannmelon bonde, idet verdien av ginseng som har blitt kultivert i åresvis ikke kan bli sammenlignet til vannmelon, som har blitt ferdig utvokst på kortere tid.

Når vi samtidig sår foran Gud ifølge Hans ord, kan vi noen ganger kunne motta Hans svar med det samme og innhøste frukten, men til andre tider vil en kreve mere tid. Akkurat som Galaterne 6:9 minner oss om, *"La oss ikke miste hjerte ved å gjøre noe godt, for når tiden er inne vil vi høste hvis vi ikke blir urolige,"* helt til innhøstings tiden må vi ta vare på vår åker med iherdighet og med hengivenhet.

4. Du Vil Høste Det Du Har Sådd

I Johannes 12:24 forteller Jesus oss, *"Sannelig, sannelig sier jeg deg, hvis ikke et hvetekorn faller ned på bakken og dør, forblir det alene; men hvis det dør, vil det bære mye frukt."* Ifølge Hans lov, plantet den rettferdige Gud Jesus Kristus, Hans eneste Sønn som et sonende offer for menneskene og tillot Ham å bli et hvetekorn, falle ned, og dø. Gjennom Hans død, produserte Jesus mange frukter.

Loven av det åndelige riket er, i likhet med naturens lov som dikterer " Du høster det du sår," Guds lov som ikke kan bli brutt. Galaterne 6:7-8 forteller oss utrykkelig, *"La dere ikke føre vill! Gud lar seg ikke spotte. Det et menneske sår, skal det også høste. Den som sår i sitt eget kjøtt og blod, høster fordervelse av kjøttet; men den som sår i Ånden, høster evig liv av Ånden."*

Når en bonde sår frø i åkeren sin, avhengig av hva slags frø det er, vil han kanskje høste inn noen avlinger tidligere enn andre og fortsetter med å så frøene idet han høster inn. Jo mere bonden sår og tar forsiktig vare på hans åker, jo større avling vil han få. Det er på samme måte i vårt forhold til Gud hvor vi høster det vi sår.

Hvis vi sår bønner og lovpriser, kan vi med makten ovenifra leve etter Guds ord idet din sjel vokser. Hvis du trofast arbeider for Guds kongerike, vil alle sykdommer forlate deg idet du mottar de kjødelige og de åndelige velsignelsene. Hvis du ivrig sår med dine materialistiske eiendeler, tiendedeler, og takkeoffringene, vil Han gi deg større materialistiske velsignelser hvor Han gjør det mulig for deg å bruke dem for Hans kongerike og rettferdighet.

Vår Herre, Han som belønner hver eneste person ifølge hva han har gjort, forteller oss i Johannes 5:29, *"De som gjorde gode ting [vil komme frem] til livets oppstandelse, og de som var onde vil komme frem til dommens oppstandelse."* Vi må derfor leve ifølge den Hellige Ånd og gjøre gode ting i livet vårt.

Hvis noen sår for sit eget gagn og ikke for den Hellige Ånd, kan han bare høste ting ifra denne verden som til slutt vil forsvinne. Hvis du måler og dømmer andre, da vil også du bli målt og dømt ifølge Guds ord som sier at *"Ikke døm, så skal ikke du bli dømt. For på den måten du dømmer, vil du selv bli dømt; og på den måten du måler, vil også du bli målt"* (Matteus 7:1-2).

Gud tilga oss alle våre synder som vi hadde begått før vi aksepterte Jesus Kristus. Men hvis vi begår synder etter at vi blir kjent med sannheten og om synden, selv om vi er tilgitt ved å angre, vil vi motta straff.

Hvis du har sådd synd, vil du høste frukten av din synd og møte prøvelser og lidelser ifølge loven til det åndelige riket.

Når Guds elskede David syndet, sa Gud til ham, *"Hvorfor har du da foraktet Herrens ord og gjort det som er ondt i Herrens øyne?"* og *"Jeg lar ulykke komme over deg fra din egen ætt"* (2. Samuelsbok 12:9; 11). Mens David ble tilgitt hans synder når han angret, *"Jeg har syndet imot HERREN,"* vi vet også at Gud slo barnet som Uriahs kone hadde født til David (2. Samuelsbok 12:13-15).

Vi burde leve i sannheten og gjøre gode ting, huske på at vi høster alt det vi sår, så for den Hellige Ånd, motta evig liv fra den Hellige Ånd, og alltid motta Guds overflytende velsignelser.

I Bibelen er det mange individer som tilfredstilte Gud og som til slutt mottok Hans overveldende velsignelser. For kvinnen i Shunem hadde alltid behandlet Elisja, Guds mann, med den aller høyeste respekt og høflighet, og han besøkte henne alltid når han var i det området. Etter diskusjonen med mannen hennes om å forberede et gjesterom for Elisja, satte kvinnen opp et rom for profeten og satte en seng, et bord, en stol, og en lampe inn dit og anbefalte Elisja til å være i huset hennes (2. Kongerike 4:8-10).

Elisja ble veldig rørt av kvinnens hengivenhet. Når han fant ut at hennes mann var gammel og at de ikke hadde noen barn, og at det var kvinnens ønske å få et barn, spurte Elisja Gud om en velsignelse som ville at kvinnen ville føde et barn, og Gud ga henne en sønn et år senere (2. Kongerike 4:11-17).

Akkurat som Gud lovte oss i Salmenes bok 37:4, *"Gled deg over HERREN; og Han vil gi deg alt det ditt hjerte ønsker,"* kvinnen i Shunem fikk hennes hjertes ønsker idet hun tok seg av Guds tjenere med forsiktighet og hengivenhet (2. Kongebok 4:8-17).

I Apostlenes gjerninger 9:36-40 er det en fortegnelse av en kvinne i Joppa ved navnet Tabita, som var full av gode gjerninger og medmenneskelighet. Når hun ble syk og døde, rapporterte disiplene nyheten til Peter. Når han ankom stedet, viste enkene Peter kappen og klærne som Tabita hadde laget for dem, og tigget ham om å bringe kvinnen tilbake i live igjen. Peter var dypt rørt av kvinnenes vennlighet og ba med fullt alvor til Gud. Når han sa, "Tabita, stå opp," åpnet hun øynene og satte seg opp. For Tabita hadde sådd foran Gud ved å gjøre gode ting og hjelpe de fattige, så hun kunne derfor motta velsignelsen med å kunne forlenge livet sitt.

I Markus 12:44 er det en fortegnelse av en fattig enke som ga Gud alt hun hadde. Jesus som så på folkemengden som ga offringer i tempelet, sa til Hans disipler, *"For de gir alle av deres overflod, men hun ga av sin fattigdom, hun ga alt hun hadde, alt det hun hadde å leve av"* og Han lovpriste henne. Det er ikke vanskelig å vite at kvinnen mottok større velsignelser senere i livet hennes.

Ifølge loven til det åndelige riket, vil den rettferdige Gud tillate oss å høste alt det vi sår og belønner oss ifølge hva hver og en av oss har gjort. For Gud arbeider ifølge hvert individs tro idet han tror på Hans ord og adlyder det. Vi burde forstå at vi kan motta alt det vi spør etter i bønner. Med tanke på dette, håper jeg at dere alle vil undersøke hjertene deres, forsiktig oppdra det til en god jord, så mange frø, ta vare på dem med tålmodighet, og bære massevis av frukt, i Herren Jesus Kristus navn jeg ber!

6. Kapittel

Elias Mottar Guds Svar Med Ilden

Siden sa Elias til Akab,
"Nå kan du gå opp og spise og drikke;
for jeg hører suset av regn."
Da gikk Akab opp og holdt måltid.
Og Elias gikk opp på toppen av Karmel
og bøyde seg mot jorden med ansiktet mellom knærne.
Så sa han til tjeneren sin: "Gå opp og se ut mot havet!"
Gutten gikk opp og så utover, men sa: "Det er ingenting å se."
Sju ganger sa Elias: "Gå opp igjen."
Den sjuende gangen sa gutten:
"Jeg ser en liten sky som stiger opp av havet.
Den er ikke større en neven på en mann."
Da sa Elias: "Gå opp og si til Akab at han må spenne for
og dra hjem, så regnet ikke skal hefte ham."
På et øyeblikk mørknet himmelen til med skyer og storm,
og det begynte å stridregne.
Akab steg opp i vognen sin og kjørte til Jisre'el.

1. Kongebok 18:41-45

Guds mektige tjener Elias kunne vitne til den levende Gud og få de idoltilbedende isralittene til å angre på deres synder, så med Guds svar fra ilden både spurte og mottok han. I tillegg var det Elias som utgjorde miraklene med å ende tørken og bringe ned mye regn, siden det ikke hadde vært noe regn på tre og et halvt år på grunn av Guds sinne imot isralittene.

Hvis vi tror på den levende Gud, vitner til Ham, og gir Hans ære, må vi i våre liv også motta Guds svar ved ilden akkurat som Elias.

Ved å undersøke Elias tro, hvor han mottok Guds svar med ilden og så med hans egne øyne oppfyllelsen av hans hjertes ønsker, la oss også bli Guds velsignede barn som alltid mottar vår Faders svar med ilden.

1. Troen til Elias, Guds Tjener

Som Guds valgte, måtte isralittene tilbede Gud alene, mens deres konge begynte å gjøre onde ting i Guds øyne og tilbede idoler. Inne besteg Akab tronen, men isralittene begynt å gjøre mere onde ting og idol tilbedingen nådde dens høydepunkt. På dette tidspunktet ble Guds sinne imot isralittene til katastrofen med den tre og et halvt år lange tørken. Gud gjorde Elias til Hans tjener og åpenbarte Hans arbeide igjennom ham.

Gud fortalte Elias, *"Gå og vis deg selv til Akab, og da vil jeg sende regn ned til jorden"* (1. Kongebok 18:1).

Moses som brakte isralittene ut at Egypt, adlød ikke Gud først når Han befalte Moses om å gå til Farao. Når Samuel ble bedt om å vie David til hellig tjeneste, adlød heller ikke profeten Gud med det samme. Men når Gud fortalte Elias om å gå og vise seg selv til Akab, selve kongen som hadde prøvd å drepe ham i tre år, adlød denne profeten Gud betingelsesløst og viste Ham hva slags tro som Gud ville være tilfredstilt med.

For Elias adlød og trodde på alle ordene til Gud, så gjennom profeten kunne Gud åpenbare Hans arbeide om og om igjen. Gud var tilfredstilt med Elias lydige tro, elsket ham, anerkjente ham som Hans tjener, ledsaget ham samme hvor han dro, og beskyttet alle hans anstrengelser. For Gud godkjente Elias tro, han kunne gjenoppleve de døde, motta Guds svar med ilden, og bli tatt opp til himmelen i en virvelvind. Selv om det bare er en Gud som sitter på Hans himmelske trone, kan den allmektige Gud overse alt i universet og tillate at Hans arbeide vil alltid finne sted når Han er til stede. Akkurat som vi finner det Markus 16:20, *"Og de gikk ut og forkynte over alt, mens Herren arbeidet med dem, og bekreftet ordet på grunn av tegnene som fulgte,"* Når et individ og hans tro blir anerkjent og godkjent av Gud, vil mirakler og svar på personens bønner komme som en tegn på Hans åpenbarende arbeide.

2. Elias Mottok Guds Svar med Ilden

For Elias tro var stor og han var lydig nok til å bli verdt Guds anerkjennelse, og profeten kunne modig profetere om den truende tørken i Israel.

Han kunne proklamere til kongen Akab, *"Så sant Herren, Israels Gud, lever, Han som jeg tjener: De første årene skal det verken komme dugg eller regn uten på mitt ord"* (1. Kongebok 17:1).

Siden Gud allerede visste at Akab ville utsette Elias, som profeterte om tørken, overfor fare, ledet Gud profeten til bekken Kerith, ba ham om å være der en stund, og ba ravene å bringe ham brød og kjøtt på morgenen og på kvelden. Når bekken Kerith tørket opp på grunn av for lite regn, førte Gud Elias til Sarepta og lot en enke der gi ham mat.

Når enkens sønn ble syk, og bare ble verre og verre, og til slutt døde, ropte Elias på Gud i bønnene: *"Å, HERRE min Gud, jeg ber Deg, la dette barnet få livet tilbake"* (1. Kongeboken 17:21)!

Gud hørte Elias bønner, brakte gutten tilbake til livet, og tillot ham å leve. Gjennom dette tilfelle, beviste Gud at Elias var Guds menneske og at Guds ord ifra hans munn er sant (1. Kongebok 17:24).

Folkene i vår generasjon lever på en tid hvor de ikke kan tro på Gud hvis de ikke ser miraklende tegn og undere (Johannes 4:48). For å kunne være vitne til den levende Gud idag, må hver og en av oss bli bevæpnet med en slik tro som Elias hadde og ta seg av å modig spre evangeliet.

I det tredje året av profeteringen hvor Elias sa til Ahab, *"De første årene skal det verken komme dugg eller regn uten på mitt ord"* (1. Kongebok 17:1), Gud fortalte Hans profet, *"Gå og vis dere selv til Akab, og Jeg vil sende regn ned til jorden"* (1. Kongebok 18:1). Vi finner i Lukas 4:25 at *"ved Elias tid, når himmelen var lukket i tre år og seks måneder, når en stor ulykke kom over hele landet."* Det var med andre ord ikke noe regn i Israel i tre og et halvt år. Før Elias dro til Akab den andre gangen, hadde kongen letet forgjeves etter profeten selv i nabolandene, mens han trodde at Elias var skylden til den tre og et halvt år lange tørken.

Selv når Elias ble drept samtidig som han dro til Akab, adlød han modig Guds ord. Når Elias stod foran Akab, spurte kongen ham, *"Er dette deg, Israels bråkmaker?"* (1. Kongeboken 18:17) Elias svarte til dette, *"Jeg har ikke plaget Israel, men du og din fars hus har, fordi dere har forlatt HERRENs budskaper og du har fulgt de (Baal) de falske gudene"* (1. Kongeboken 18:18). Han ga seg til Guds vilje, og fryktet aldri. Elias tok et steg videre og sa til Akab, *"Send Meg så nå hele Israel og Karmel fjellet, sammen med de 450 profetene i Baal og de 400 profetene i Astarte, som spiser ved Jezebels bord"* (1. Kongebok 18:19).

Siden Elias visste godt at tørken kom til Israel på grunn av folkets idol tilbeding, prøvde han å kjempe med 850 idol profeter og bekreftet det, *"Den Gud som svarer med ilden – han er Gud."* Siden Elias trodde på Gud, viste profeten Ham troen hvor han trodde at Gud ville svare ham med ilden.

Han sa da til Baals profeter, *"Velg en okse for deg selv og forbered det først, for dere er mange, og rop på navnet til din gud, men ikke sett noen ild under det"* (1. Kongeboken 18:25).

Når profetene i Baal ikke mottok noe svar fra morgenen til kvelden, da hånte Elias dem.

Elias trodde på at Gud ville svare ham med ilden, og ba til Gud om at Isralittene kunne bygge alteret og helle vannet over offringen og på treet.

Svar meg, HERRE, svar meg, slik at disse menneskene kan få vite at Du, HERRE, er Gud, og at Du har snudd deres hjerte tilbake igjen (1. Kongeboken 18:37).

På grunn av dette falt HERRENs flammer ned og slukte det brendte offeret og treet og steinene og støvet, og slikket opp vannet som var i grøften. Når alle menneskene så dette, falt de ned på deres ansikter; og de sa, *"HERREN, Han er Gud; HERREN, Han er Gud"* (1. Kongeboken 18:38-39).

Alt dette ble gjort mulig fordi Elias ikke engang tvilte litt når han spurte Gud (Jakob 1:6) og trodde at han allerede hadde fått det han hadde spurt om i bønnene (Markus 11:24).

Hvorfor ga Elias ordre om at vannet skulle bli helt over offringen og så be? For tørken hadde vart i tre og et halvt år, det mest sjeldne og mest verdifulle av alle livsfornødenhetene på den tiden var vann. Ved å fylle fire store mugger med vann og helle vannet på offringene tre ganger (1. Kongeboken 18:33-34), viste Elias Gud hans tro og ga Ham det som var mest kostbart for ham. Gud som elsker en lykkelig giver (2. Korinterne 9:7) lot ikke bare Elias høste inn det han hadde sådd, men ga også profeten Hans svar med flammene og beviste til alle isralittene at deres Gud virkelig levde.

Når vi følger Elias fotspor og viser Gud vår tro, gir Ham vår mest kostbare ting, og forbereder oss selv til å motta Hans svar på våre bønner, da kan vi være vitne til den levende Gud overfor alle mennesker med Hans svar med ilden.

3. Elias Bringer Mye Regn

Etter at han har gitt den levende Gud til isralittene gjennom Hans svar med ilden og få de idol tilbedene isralittene til å angre, husket Elias på løftet som han hadde gitt til Akab – *"Så sant Herren, Israels Gud, lever, Han som jeg tjener: De første årene skal det verken komme dugg eller regn uten på mitt ord"* (1. Kongebok 17:1). Han sa til kongen, *"Stå opp, spis og drikk; for det er lyden av brølingen av stridregn"* (1. Kongeboken 18:42), og dro så opp til toppen av Karmel. Han gjorde dette for å fullføre Guds ord, "Jeg vil sende regn ned til jorden," og motta Hans svar.

Så før han kom til toppen av Karmel, knelte Elias seg ned på jorden og la hodet sitt mellom knærne sine. Hvorfor ba Elias på en slik måte? Elias hadde veldig mye smerter mens han ba.

Gjennom dette speilbilde, kan vi anta hvor iherdig Elias ropte på Gud med hele hans hjerte. Og helt til han også kunne se Guds svar med hans egne øyne, stoppet ikke Elias å be. Profeten befalte hans tjenere om å holde hans øyne mot havet, og helt til tjeneren så en sky like liten som menneskets hånd, og Elias ba på denne måten sju ganger. Dette var mer enn nok til å imponere Gud og til å riste Hans himmelske trone. Siden Elias brakte regnet etter tre og et halvt år med tørke, kan det bli antatt at hans bønner var forferdelige sterke.

Når Elias mottok Guds svar med ilden, anerkjente han med sine lepper at Gud ville arbeide for ham selv om Gud ikke hadde sagt noe, han gjorde det samme når han brakte regnet. Når han så en sky som var like liten som en menneske hånd, da sendte profeten et ord til Akab, *"Forbered din stridsvogn og dra ned, slik at det tunge regnet ikke vil stoppe deg"* (1 Kongebok 18:44). For Elias hadde en slik tro at han kunne anerkjenne med hans lepper selv om han ikke lenger kunne se (Hebreerne 11:1), Gud kunne arbeide ifølge profetens tro, og kunne virkelig gjøre det ifølge Elias tro, og om litt ble himmelen sort med skyer og vind, og det begynte å stridregne (1. Kongebok 18:45).

Vi må tro på at den Gud som ga Elias hans svar med ilden og en etterlengtet regnskur etter en tørke som hadde vart i tre og et halvt år, er den samme Gud som driver vekk våre prøvelser og lidelser, gir oss våres hjertes ønsker, og gir oss Hans vidunderlige velsignelser.

Nå er jeg sikker på at dere har innsett at for å kunne motta Guds svar med ilden, lovprise Ham, og fullføre ditt hjertes ønsker, må du først vise Ham hva slags tro du har som Han kan være tilfredstilt med, ødelegge alle vegger med synder som står mellom deg og Gud, og spørre Ham om alt uten noen som helst tvil.

Det andre er at du må bygge et alter til Gud, gi Ham offringer, og be alvorlig. Tredje, helt til du mottar Hans svar, må du anerkjenne med dine lepper at Gud vil arbeide med deg. Gud vil så være veldig tilfreds og svare på dine bønner for at du kan lovprise Ham med hele ditt hjerte.

Vår Gud svarer oss når vi ber til Ham med problemer angående våre sjeler, barn, helse, arbeide, eller alle andre ting, og mottar æren fra oss. La oss også ha en hel tro som Elias, be til vi mottar Guds svar, og bli Hans velsignede barn, og alltid lovprise vår Fader!

7. Kapittel

Hvordan en Kan Fullføre Ens Hjertes Begjær

Gled deg over HERREN;
Og Han vil gi deg alt det ditt hjerte ønsker.

———⚜———

Salmenes bok 37:4

Mange mennesker leter etter svar på mange forskjellige problemer fra den allmektige Gud. De ber ivrig, faster, og ber gjennom natten for å motta helbredelse, ombygge deres mislykkede firma, føder deres barn, og mottar materialistiske velsignelser. Desverre er det flere mennesker som ikke kan motta Guds svar og lovrpise Ham enn de som kan.

Når de ikke hører ifra Gud på en måned eller to måneders tid, vil disse menneskene bli leie av det, og si, "Gud eksisterer ikke," omvende seg helt fra Gud, og begynne å tilbe idoler, og dermed sverte til Hans navn. Hvis en person ikke går i kirken, men mislykkes med å motta Guds makt og lovprise Ham, hvordan kunne dette være en "virkelig tro"?

Hvis en påstår at en virkelig tror på Gud, da må han som Hans barn, kunne motta hans hjertes ønsker og fullføre alt det han søker om å fullføre i løpet av hans liv her i verden. Men mange mislykkes i å fullføre deres hjertes ønsker selv om de erklærer at de tror. Dette er på grunn av at de ikke kjenner seg selv. La oss undersøke hvilke veier vi kan fullføre våre hjertes ønsker gjennom sitatet som dette kapittelet er basert på.

1. Først Må Vi Undersøke Vårt Eget Hjerte

Hvert individ må se tilbake og se om han virkelig tror på den allmektige Gud, eller bare tror halvhjertet mens han tviler, eller kommer fra et slu hjerte som bare søker etter en slags lykke. Før de møter Jesus Kristus vil de fleste mennesker enten tilbe idoler hele sitt liv eller bare stole på seg selv. Men når det kommer til en virkelig stor prøvelse eller lidelse, etter at de innser at de ødeleggelsene som de møter ikke kan bli løst ved menneskenes handlinger eller deres idoler, vil de undre på verdenen, høre med tiden på hvordan Gud kan løse deres problemer, og ende opp med å komme til Ham.

Istedenfor å fiksere øynene deres på Guds makt, vil menneskene her i verden kun tvile, 'Ville Han ikke svare meg hvis jeg tigget Ham?' eller 'Kanskje bønner kan løse mitt problem.' Men fremdeles styrer den allmektige Gud menneskenes historie og menneskenes liv, død, forbannelse, og velsignelse, oppvekkelse av de døde, og undersøker menneskets hjerte, så Han svarer ikke et individ med et tvilende hjerte (Jakob 1:6-8).

Hvis en virkelig prøver å fullføre hans hjertes ønsker, må han først kaste vekk hans tvil og lykke-søkende hjerte, og tro at han allerede har mottat alt det han spør den allmektige Gud om i bønner. Bare da vil maktens Gud gi Hans kjærlighet og tillate ham å fullføre hans hjertes ønsker.

2. Det Andre er at Ens Forsikring om Troens Frelse og Betingelse Må Bli Undersøkt

I kirken i dag er det mange troende som har visse problemer i troen deres. Det er veldig hjerteskjærende å se et utrolig stort antall mennesker som vandrer åndelig, de som ikke kan se, på grunn av deres åndelige arroganse, at troen deres går i den gale retningen, og andre som mangler forsikringen om frelse selv etter at de har levet mange år med Kristus og tjent Ham.

Romerne 10:10 forteller oss, *"For en person vil tro med hjertet, som et resultat av rettferdighet, og med munnen vil han tilstå, som vil føre til frelse,"* føre til når du åpner din dør til ditt hjerte og aksepterer Jesus Kristus som din Frelser, vil du motta myndigheten som Guds barn ved den Hellige Ånds nåde som har blitt gitt fritt ovenifra. Videre, når du tilstår med leppene dine at Jesus Kristus er din Frelser og har troen helt fra ditt hjerte at Gud har oppdratt Gud ifra de døde, vil du bli sikker på din frelse.

Hvis du ikke med sikkerhet vet om du har mottat frelse eller ikke, er det et problem med tilstanden av troen din. Dette er på grunn av at, hvis du mangler sikkerheten om Gud er din Fader eller ikke og om du har mottat himmelsk borgerskap og blitt Hans barn, kan du ikke leve etter Faderens vilje.

Det er derfor Jesus forteller oss, *"Ikke alle som sier til Meg, 'Herre, Herre,' vil komme til himmelens kongerike, men han som gjør det min Far vil, Han som er i himmelen, vil komme inn"* (Matteus 7:21). Hvis "Guds Far-sønn (eller datter)" forhold ikke ennå har blitt til et individ, er det bare naturlig for den personen å ikke motta Hans svar. Men selv om dette forholdet har tatt form, hvis Gud ser noe galt i hans hjerte, kan han heller ikke motta Guds svar.

Hvis du derfor blir Guds barn som har forsikringen om frelse og angrer på at han ikke levde etter Guds vilje, vil Han løse alle våre problemer inkludert sykdommer, mislykkede handelsforetagende, og økonomiske problemer, og Han vil arbeide for deg i alle gode ting.

Hvis du søker etter Gud på grunn av problemet du har med ditt barn, vil Gud hjelpe deg å finne ut av problemene og spørsmålene som eksisterer mellom deg selv og ditt barn. Til tider kan en klandre barna; men oftere er det heller foreldrene som er grunnen til vanskelighetene med barna deres. Før en begynner å beskylde, burde foreldrene først vende seg vekk ifra deres feilaktige veier og angre på dem, streve med å oppdra barna deres riktig, og gi alt til Gud. Da vil Han gi dem kunnskap og vil arbeide for alt det gode fra begge foreldrene og barna deres.

Hvis du derfor går i kirken og prøver å motta svar på problemet med barnet ditt, sykdom, økonomi, og liknende, istedenfor å hurtig faste, be, eller holde seg oppe hele natten og be, må du først finne ut av i sannheten hva som har blokkert åpningen mellom deg og Gud, angre, og omvende seg. Gud vil så arbeide for alt det gode du gjør og du vil motta den Hellige Ånds ledelse. Hvis du ikke engang prøver å forstå, hører Guds ord, eller lever etter det, vil din bønn ikke gi deg Guds svar.

For det er mange tilfeller hvor mennesker mislykkes i å fullstendig gripe fatt i sannheten og mislykkes i å motta Guds svar og velsignelser, og vi må alle fullføre våre hjertes ønsker ved å bli sikre på vår frelse og leve etter Guds vilje (Femte Mosebok 28:1-14).

3. Det Tredje er at Du Må Tilfredstille Gud med Dine Gjerninger

Hvis noen anerkjenner Gud Skaperen og aksepterer Jesus Kristus som hans Frelser, vil hans sjel vokse like mye som han lærer sannheten og blir opplyst. I tillegg, kan han leve hans liv på en måte som er tilfrestillende til Ham, idet han fortsetter med å finne ut av Guds hjerte. Mens to eller tre år gamle barn ikke vet hvordan de kan tilfredstille deres foreldre, vil barna lære hvordan de kan glede dem i deres ungdom og voksne liv. På samme måte kan de glede deres Far mere jo mer Guds barn forstår og lever ifølge sannheten.

Igjen og igjen vil Bibelen fortelle oss veier hvor våre troende forfedre mottok svar på deres bønner ved å tilfredstille Gud. Hvordan tilfredstilte Abraham Gud?

Abraham søkte alltid etter og levde i fred og hellighet (Første Mosebok 13:9), tjente Gud med hele hans kropp, hjerte, og sinn (Første Mosebok 18:1-10), og fullstendig adlød Ham uten at han involverte hans egne tanker (Hebreerne 11:19; Første Mosebok 22:12), fordi han trodde at Gud kunne opplive de døde. På grunn av dette, mottok Abraham velsignelsen av eller "HERREN Vil Forære," velsignelse av barna, økonomisk velsignelse, velsignelse med god helse, og liknende, og alle andre velsignelser (Første Mosebok 22:16-18, 24:1).

Hva gjorde Noah for å motta Guds velsignelser? Han var

rettferdig, uklanderlig blandt menneskene i hans generasjon, og spaserte med Gud (Første Mosebok 6:9). Når vannets dom druknet hele verden, var det bare Noah og hans familie som kunne unngå dommen og motta frelse. For Noah spaserte med Gud, han kunne ta hensyn til Guds stemme og forberede en ark og til og med redde hans familie.

Når enken i Sarepta i 1. Kongeboken 17:8-16 plantet et frø med tro i Guds tjener Elias i løpet av den tre og et halvt år lange tørken i Israel, mottok hun utrolige velsignelser. Idet hun troende adlød og tjente Elias med brødet fra bare en håndfull av mel i bollen og litt olje i glasset, velsignet Gud henne og fullførte Hans profetiske ord ved å si at *"Bollen med mel skal aldri bli tom, og glasset med oljen skal heller ikke bli tom, helt til den dagen hvor HERREN sender regn ned hit til jorden"* (v. 14).

For kvinnen i Shunem i 2. Kongebok 4:8-17 tjente og behandlet Guds tjenere Elisja med fullstendig omsorg og respekt, hun mottok velsignelsen med å føde en sønn. Kvinnen tjente ikke Guds tjenere fordi hun ville ha noe tilbake, men fordi hun virkelig elsket Gud av hele hennes hjerte. Er det ikke god fornuft å si at denne kvinnen har mottat Guds velsignelse?

Det er også lett å fortelle at Gud har måttet vært fullstendig henrykt med troen til Daniel og hans tre venner. Selv om Daniel ble kastet inn til løvenes hule for at han ba til Gud, spaserte han ut av hulen uten et eneste sår fordi han stolte på Gud (Daniel

6:16-23). Selv om Daniels tre venner ble bundet og kastet inn i den brennende ovnen for at de ikke tilbad et idol, lovpriste de Gud etter at de spaserte ut av ovnen uten at noen av kroppsdelene deres ble brendt eller svidd (Daniel 3:19-26).

Centurion i Matteus 8 tilfredstilte Gud med hans store tro og mottok Guds svar ifølge hvor mye tro han hadde. Når han fortalte Jesus at hans tjener var lam og led forferdelig, offret Jesus å besøke centurions hus og helbrede hans tjener. Men når centurion sa til Jesus, *"Bare si ordet, og min tjener vil bli helbredet,"* (v. 8) og viste antydning til stor tro og mye kjærlighet for hans tjener, da lovpriste Jesus ham, *"Jeg har ikke funnet en slik stor tro i noen i Israel"* (v. 10). For en mottar Guds svar ifølge hvor mye tro en har, og centurion tjeneren ble helbredet med det samme. Halleluja!

Det er mer. I Markus 5:25-34 ser vi troen til en kvinne som hadde lidd av blødninger i 12 år. Samme hvor mye pleie legene hadde gitt og hvor mye penger hun hadde brukt, ble hennes tilstand bare verre. Når hun hørte nyhetene om Jesus, trodde kvinnen at hun bare kunne bli helbredet hvis hun rørte ved Hans klær. Når hun kom opp bak Jesus og rørte ved Hans kappe, ble kvinnen helbredet med det samme.

Hva slags hjerte hadde en centurion med navnet Cornelius hatt i Apostlenes gjerninger 10:1-8 og på hvilken måte hadde han som en hedning tjent Gud slik at alle hans familiemedlemmer fikk frelse? Vi finner ut at Kornelius og hele hans familie var oppriktige og gudfryktige; og han ga generøst til de i nød og ba til Gud regelmessig. Kornelius bønner og gaver til de fattige hadde derfor kommet opp som et minnende offer til Gud og idet Peter hadde besøkt hans hus for å tilbe Gud, mottok alle i familien Kornelius den Hellige Ånd og begynte å prate i tunger.

I Apostlenes gjerninger 9:36-42 finner vi en kvinne med navnet Tabita (som oversatt blir Dorkas) som alltid hadde gjort gode ting og hjulpet de fattige, men som ble syk og døde. Når Peter kom ved disiplenes anbefaling, gikk ned på knærne og ba, da kom Tabita tilbake til livet.

Når Hans barn gjør deres forpliktelser og tilfredstiller deres Far, da vil den levende Gud fullføre deres hjertes ønsker og alltid gjøre gode ting. Når vi virkelig kan tro på dette, vil vi gjennom hele livet vårt alltid motta Guds svar.

Gjennom konsultasjoner eller samtaler fra tid til annen, hører jeg om mennesker som en gang hadde stor tro, tjente kirken godt, og var trofast, men som forlot Gud etter en periode med prøvelser og lidelser. Jeg kan ikke hjelpe for å føle meg sønderknust for menneskenes maktesløshet hver gang for å lage åndelige skilnader.

Hvis mennesker har en virkelig tro, da vil de ikke forlate Gud selv når de får prøvelser. Hvis de har åndelig tro, da vil de være lykkelige, takknemlige, og ba til og med i prøvende tider. De vil ikke bedra Gud, bli fristet, eller miste deres fotfeste i Ham. Noen ganger kan mennesker bli trofaste i håp om å motta velsignelser eller bli anerkjente av andre. Men troens bønner og bønnene fulle av tilfeldig håp kan lett bli delt opp av deres respektive resultater. Hvis en ber med åndelig tro, vil hans bønner helt sikkert bli forbundet med gjerninger som tilfredstiller Gud, og han vil gi Ham stor ære ved å fullføre hans hjertes ønsker en etter en.

Med Bibelen som vår ledsager, har vi undersøkt hvordan våre troende forfedre viste deres tro til Gud og med hva slags hjerte de kunne tilfredstille Ham og fullføre deres hjertes ønsker. For Gud velsigner, akkurat som lovet, alle de som tilfredstiller Ham – på samme måte som Tabita som ble brakt tilbake til livet tilfredstilte Ham, på samme måten som kvinnen i Shunem som hadde blitt velsignet med en sønn hadde tilfredstilt Ham, og på samme måte som kvinnen som var helbredet fra 12 år med blødning hadde tilfredstilt Ham – la oss tro og sette våre øyne på Ham.

Gud sier til oss, *"'Hvis Du kan?' Alle ting er mulige for ham som tror"* (Markus 9:23). Når vi tror at Han kan sette en slutt på alle problemene våres, fullstendig gi alle sine problemer til Ham angående troen vår, sykdommer, barn, og økonomi og stole på Ham, da vil Han helt sikkert ta vare på alt dette for oss (Salmenes bok 37:5).

Ved å tilfredstille Gud som ikke lyver men som gjør akkurat det Han har sagt, håper jeg at dere alle vil fullføre ønskene i hjertene deres, lovprise Gud, og leve et velsignet liv, i Jesus Kristus navn jeg ber!

Forfatteren:
Dr. Jaerock Lee

Dr. Jaerock Lee var født i Muan, Jeonnam Provinsen, Republikken i Korea, i 1943. I tjueårene led Dr. Lee i sju år av mange forskjellige uhelbredelige sykdommer og ventet bare på å dø uten noe som helst håp om å bli bedre. Men en dag på våren 1974 ble han imidlertid ført til kirken av hans søster, og når han knelte ned for å be, helbredet Gud alle hans sykdommer ham med det samme.

Fra dette øyeblikket hvor han hadde møtt den levende Gud gjennom denne vidunderlige erfaringen, har Dr. Lee elsket Gud med hele sitt hjerte og med all oppriktighet, og i 1978 ble han utpekt som Guds tjener. Han ba iherdig gjennom uttalige fastende bønner slik at han klart og tydelig kunne forstå Guds vilje, fullstendig fullføre den og adlyde Guds Ord. I 1982 startet han Manmin Sentral Kirken i Seoul, Korea, og her har det skjedd mangfoldige mirakuløse helbredelser, tegn og under.

I 1986 ble Dr. Lee presteviet ved den Årlige Forsamlingen til Jesus' Sungkyul Kirken i Korea, og fire år senere i 1990, begynte de å kringkaste gudstjenestene i Australia, Russland, og på Filippinene. Innen kort tid nådde de mange flere land gjennom Den Fjerne Østens Kringkastingsfirma, Asias Kringkastingsstasjon, og Washingtons Kristelige Radio System.

Tre år senere i 1993, ble Manmin Kirken valgt som en av "Verdens 50 Beste Kirker" av magasinet 'Christian World' (US) og han mottok en Æret Guddommelig Doktorgrad fra 'Christian Faith College' i Florida, USA, og i 1996 fikk han en Doktorgrad i filosofi fra Menigheten fra 'Kingsway Theological Seminary' i Iowa, USA.

Siden 1993 har Dr. Lee vært i spissen av verdens evangelisering gjennom mange utenlandske kampanjer i Tansania, Argentina, L.A., Baltimore, Hawaii, og New York City i USA, Uganda, Japan, Pakistan, Kenya, og Filippinene, Honduras, India, Russland, Tyskland, Peru, Den Demokratiske Republikk i Kongo, Israel og Estonia.

I 2002 ble han kaldt "verdens vekkelsespredikant" av store Kristelige aviser i Korea for hans mektige menigheter i de forskjellige utenlandske kampanjene. Hans New York Kampanje i 2006' som ble holdt i Madison

Square Garden, som er den mest berømte arenaen i verden, var veldig spesiell. Begivenheten ble kringkastet til 220 nasjoner, og i hans 'Israelske Samlede Kampanje i 2009' som ble holdt i det Internasjonale Konferanse Senteret i Jerusalem, proklamerte han modig at Jesus Kristus er Messias og Frelseren.

Hans gudstjeneste er kringkastet til 176 nasjoner via satelitter inkludert GCN TV og han ble satt som en av de 10 Mest Inflytelsesrike Kristelige Ledere i 2009 og 2010 av det Russiske populære Kristelige bladet *In Victory* og det nye firma *Christian Telegraph* for hans mektige TV kringkatings menighet og utenlandske kirkemenigheter.

Fra og med september 2018, har Manmin Sentral Kirke en menighet på mer enn 130,000 medlemmer. Det finnes 11,000 søster kirker rundt omkring i verden inkludert 56 kirker innenlands, og opp til nå har mer enn 98 misjonærer blitt sendt til 26 land, inkludert United States, Russland, Tyskland, Canada, Japan, Kina, Frankrike, Kenya, og mange flere.

Opp til datoen av denne utgivelsen har Dr. Lee skrevet 112 bøker, inkludert bestselgerene *Å Smake på Det Evige Livet Før Døden*, *Mitt Liv Min Tro I & II*, *Korsets Budskap*, *Troens Målestokk*, *Himmelen I & II*, *Helvete*, *Våkn Opp Israel*, og *Guds Makt*. Hans' arbeidet har blitt oversatt til mer enn 75 språk.

Hans Kristelige spalter står skrevet i *The Hankook Ilbo*, *The JoongAng Daily*, *The Chosun Ilbo*, *The Dong-A Ilbo*, *The Hankyoreh Shinmun*, *The Seoul Shinnum*, *The Kyunghyang Shinnum*, *The Korea Economic Daily*, *The Shisa News*, og *The Christian Press*.

Dr. Lee er for tiden lederen av mange misjonærorganisasjoner og forbund. Stillinger inkluderer: Formann, The United Holiness Church of Jesus Christ; Bestående President, The World Christianity Revival Mission Association; Grunnlegger & Viseformann, Global Christian Network (GCN); Grunnlegger & Viseformann, World Christian Doctors Network (WCDN); og Grunnlegger & Viseformann, Manmin International Seminary (MIS).

Andre prektige bøker fra den samme forfatteren

Himmelen I & II

Et detaljert utdrag av de forferdelig flotte omgivelsene som de himmelske innbyggerne nyter og vakker beskrivelse om forskjellige nivåer av de himmelske kongerikene.

Korsets Budskap

Et mektig og oppvekkende budskap for alle menneskene som sover åndelig! I denne boken vil du finne grunnen til at Jesus er den eneste Frelseren og Guds virkelige kjærlighet.

Helvete

Et oppriktig budskap til alle mennesker ifra Gud, som ikke ønsker at en eneste sjel skal falle inn i dypet av helvete! Du vil oppleve en beretning som aldri før har blitt avslørt om den grusomme virkeligheten til det Lavere Dødsrike og helvete.

Ånd, Sjel og Kropp I & II

En reisehåndbok som gir oss åndelig forståelse angående ånden, sjelen, og kroppen, og som hjelper oss å finne hva slags 'ego' vi har laget, slik at vi kan få makten til å seire over mørket og bli et åndelig menneske.

Troens Målestokk

Hva slags oppholdssted, kroner og belønninger blir forberedt for deg i himmelen? Denne boken gir deg visdom og veiledning slik at du kan måle din tro og kultivere den beste og mest modne troen.

Våkn Opp Israel

Hvorfor har Gud holdt øye med Israel helt fra verdens begynnelse og til denne dagen? Hva slags forsyn har Han forberedt for Israel de siste dagene, de som venter på Messias?

Mitt Liv, Min Tro I & II

Den vakreste åndelige duften fra livet som blomstret sammen med en uforlignelig kjærlighet for Gud, midt i de mørke bølgene, kalde åkene og de dypeste fortvilelsene.

Guds Makt

Dette er noe som en må lese og som gir oss en nødvendig veiledning hvor en kan ha sann tro og erfare Guds vidunderlige makt.

www.urimbooks.com

www.ingramcontent.com/pod-product-compliance
Lightning Source LLC
LaVergne TN
LVHW092056060526
838201LV00047B/1411